JN002135

もう**1**秒も無駄にしない！

Word
最速時短術

日経ＰＣ21 編

グエル 鈴木眞里子 著

日経ＢＰ

● 本書の解説は、ウィンドウズ10上で動作するワード（オフィス365で提供されている2020年1月時点の最新バージョン）に基づいています。ウィンドウズやワードのバージョンにより、画面や動作が異なる場合があります。

● 各セクション見出しに付いている「5分時短」などの表記は、1日に数種類の書類を作成すると想定した場合の、1日における短縮時間の目安です。作成する書類の数や種類、長さによって短縮時間は違ってきます。

はじめに

　会議や打ち合わせの資料・レジュメ、営業先や取引先への企画書・提案書、顧客に向けたイベントの案内状や商品のチラシ……。ビジネスにおいて書類の作成は日常茶飯事です。そんな書類作成に使うワープロソフトの定番がマイクロソフトの「Word」（以下、ワード）。表計算ソフトの「Excel」（以下、エクセル）と並んで、ビジネスパーソン必携のツールといえます。

　ところが、エクセルに比べてワードの人気はそれほど高くありません。ビジネスでは資料を表にまとめることが好まれるし、数値を計算したりグラフ化したりするケースが多いためでしょう。そして何より、ワードの"扱いにくさ"は、ワードが敬遠される最大の要因だと思われます。

　月刊パソコン誌「日経PC21」では、20年以上にわたりワードの解説記事を掲載しています。そんな日経PC21の読者から届く質問や意見の中に、ワードに対する"恨み言"の多いこと。「ワードは余計なお節介が多い」「表をきれいに仕上げるのに手間がかかりすぎ」「挿入した写真を自由に動かせなくてイライラする」「文章を編集していたら、なぜか画像が消えた」……。毎日使っているにもかかわらず、ワードを自由に使いこなせず、頭を悩ませている方が本当に多いのです。

無駄な機能に時間を奪われない

　「1. ○○○」と番号付きの見出しを入力し、その内容（本文）を入力しようとして改行したら、「2.」と自動入力されてイラッと来た――そんな経験は誰にでもあるでしょう（次ページ**図1**）。もちろん、ワードは"親切のつもり"で次の番号を自動入力するのですが、利用者は常にそれを必要としているわけではありません。だから"余計なお節介"と感じてしまいます。さらに厄介なのは、その番号の消し方、元に戻し方が多くの人にとってわかりにくいことです。どうしたらよいかわからず、そこで作業が止まってしまいます。そんな無駄な時間が、ワードを使っているとたびたび発生します。

表の作成に手間取ったり、画像の配置や挙動に戸惑ったりするときも同じ。本来なら仕事に集中すべき時間を、ワードの操作や設定のために奪われてしまうのですから、無駄以外の何物でもありません。そんな無駄をなくして効率良く書類を作成し、最速で仕事を終わらせることが、本書の目標です。

例えば、前述の「1.」「2.」…と続く連番の自動入力は、設定をひとつ変えるだけで止められます（12ページ）。画像の配置が思うようにいかないのも、画像配置に関する初期設定が、皆さんが求めるものと違っているためです（142ページ）。まずはこうした設定を変えるだけでも、ワードはもっと使いやすく便利なソフトに変身します。

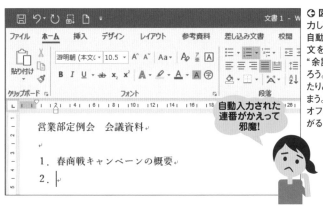

◑ 図1 「1.」と見出しを入力して改行すると、「2.」と自動入力される。続けて本文を入力したいときには、"余計なお節介"と感じるだろう。元に戻したり入れ直したりと、時間を無駄にしてしまう。こうした不要な機能はオフにしたほうが効率が上がる

1日仕事を5分で終わらせる

さらに、1日仕事を5分で終わりにしてくれるような強力な武器もワードにはあります。例えば1000人の顧客に手紙を出すとき、1人ずつ宛名を書き換えて印刷するのは大変です。しかし「差し込み印刷」の機能を使えば、全自動で名前の部分だけを変えて連続印刷が可能です（202ページ）。過去の契約書を流用して新たな契約書を作りたいのに、元のデータがない……という場合も心配は無用。保管してある紙の契約書をスキャンしてワードで読み込めば、OCR（光学式文字認識）

機能によりテキストが自動生成され、ワード文書として再編集できるようになります（**図2**）。何ページにもわたる書類をイチから手入力し直す必要はありません（60ページ）。

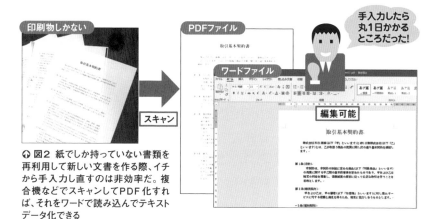

⬆ **図2** 紙でしか持っていない書類を再利用して新しい文書を作る際、イチから手入力し直すのは非効率だ。複合機などでスキャンしてPDF化すれば、それをワードで読み込んでテキストデータ化できる

　作業の足かせとなるお節介機能は停止し、自分なりの使いやすい設定に変えること。そしてワードが備える便利機能の数々を知り、日ごろから使えるようにマスターしておくこと。それがワードでの書類作成を無駄なくスピーディーにこなすためのポイントです。その実用ノウハウを、本書で身に付けていただければ幸いです。

日経PC21編集長　田村規雄

Contents ●目次

Contents ●目次

第4章 見やすいレイアウトを
最速で実現 ……… 103

Word

第1章

お節介機能は停止!
自分用設定で時短

ワードの初期設定が自分の使い方に合っているとは限らない。勝手に文字を修正されて困ることもあれば、用紙の初期設定が自分の使いたいものと違うこともある。起動するたびに設定を変えるより、初期設定を変えてしまうことが、時短の近道だ。

●箇条書きやハイパーリンクの自動設定を解除

●文字が勝手に変身するのを防ぐ

●ミニツールバーなどの自動表示を止める

●いつも使う書式で新規文書を開く　ほか

Word Section 01 数字や記号で自動的に始まる箇条書きを解除

3分時短

　行頭に「1.」などの番号の付いた見出しを入力して改行すると、ワードが自動的に連番（段落番号）の書式を適用する（**図1**）。「ぶら下げインデント」（112ページ）が設定され、次の番号が自動表示されるので、連番の箇条書きが素早く入力できる。「■」や「○」などの記号の後にスペースを入力した場合も同様だ。

　これはこれで便利な機能だが、必要がないときに勝手に設定されてしまうこともある。そうなると手動で解除しなくてはならず、"余計なお節介"になってしまう。

　自動設定された箇条書きは「オートコレクトのオプション」ボタンから解除できる（**図2**）。今後一切自動設定してほしくないなら、「…を自動的に作成しない」を選べば、以降は番号や記号を入力しても箇条書きになるのを防げる。番号と記号、両方の自動設定を解除する場合は、「オートフォーマットオプションの設定」を選び、「箇条書き（段落番号）」と「箇条書き（行頭文字）」を無効にする（**図3**）。箇条書きはいつでも手動で設定できるので、自動設定を解除しても問題はない。

　なお、一時的に箇条書き設定を解除するだけなら、「オートコレクトのオプション」ボタンより「Ctrl」＋「Z」キーを使うほうが楽だ（**図4**）。また、改行後に引き継がれる箇条書き設定は、「Enter」キーを押せば簡単に解除できる（**図5**）。

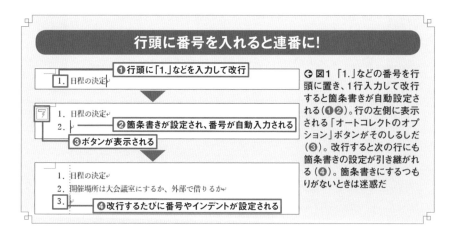

行頭に番号を入れると連番に！

❶行頭に「1.」などを入力して改行

❷箇条書きが設定され、番号が自動入力される

❸ボタンが表示される

❹改行するたびに番号やインデントが設定される

1. 日程の決定

1. 日程の決定
2.

1. 日程の決定
2. 開催場所は大会議室にするか、外部で借りるか
3.

↩**図1**「1.」などの番号を行頭に置き、1行入力して改行すると箇条書きが自動設定される（❶❷）。行の左側に表示される「オートコレクトのオプション」ボタンがそのしるしだ（❸）。改行すると次の行にも箇条書きの設定が引き継がれる（❹）。箇条書きにするつもりがないときは迷惑だ

Ⓦ 「オートコレクトのオプション」ボタンで解除方法を選択

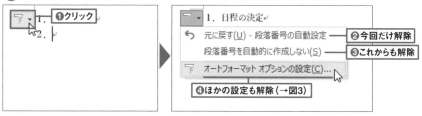

🔼図2 箇条書きが設定されると表示される「オートコレクトのオプション」ボタンをクリック。今回だけ解除するなら「元に戻す」、これからも不要なら「段落番号を自動的に作成しない」を選ぶ（❶〜❸）。記号での箇条書き設定もまとめて解除するなら「オートフォーマットオプションの設定」を選択して図3へ進む（❹）

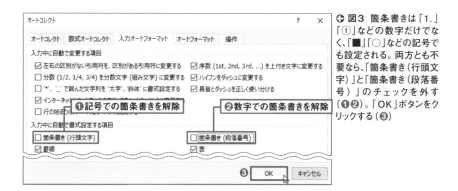

🔽図3 箇条書きは「1.」「①」などの数字だけでなく、「■」「○」などの記号でも設定される。両方とも不要なら、「箇条書き（行頭文字）」と「箇条書き（段落番号）」のチェックを外す（❶❷）。「OK」ボタンをクリックする（❸）

Ⓦ 一時的に解除するなら「Ctrl」+「Z」キー

🔽図4 箇条書きが設定されたことを示す「オートコレクトのオプション」ボタンが表示されたら、「Ctrl」+「Z」キーを押せば解除できる（❶〜❸）

Ⓦ 改行後の箇条書き記号は「Enter」キーで削除

🔽図5 箇条書きの入力が終わったら、改行後に表示される箇条書き番号や記号は「Enter」キーを押せば削除できる（❶〜❸）

Word

Section **02**

ハイパーリンクが
自動設定されるのを解除

1分 時短

　ワードでURLやメールアドレスを入力すると、自動的にハーパーリンクが設定されることがある（**図1**）。ハイパーリンクとは、クリックすることで該当するウェブサイトやメール作成画面を開くための機能。PDFなどのデータを渡すなら役立つこともあるが、印刷する文書では目立つ文字色や下線は邪魔になってしまう。

　ハイパーリンクは、入力直後なら「Back Space」キーで解除するとよい（**図2**）。後から気付いた場合には、「オートコレクトのオプション」ボタンで解除するのが一般的だが、右クリックのほうが簡単だ（**図3**、**図4**）。毎回解除するのが手間なら、「入力オートフォーマット」の設定でハイパーリンクの自動設定を解除しておこう（**図5**、**図6**）。

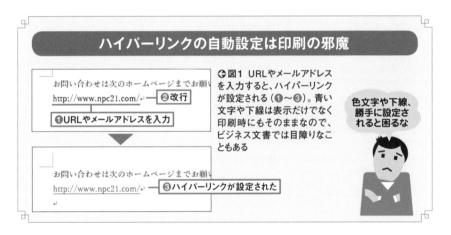

ハイパーリンクの自動設定は印刷の邪魔

◆図1 URLやメールアドレスを入力すると、ハイパーリンクが設定される（❶～❸）。青い文字や下線は表示だけでなく印刷時にもそのままなので、ビジネス文書では目障りなこともある

❶URLやメールアドレスを入力　❷改行　❸ハイパーリンクが設定された

色文字や下線、勝手に設定されると困るな

ⓦ 入力直後の解除は「Back Space」か「Ctrl」＋「Z」キー

◆図2 表示が変わった直後であれば、「Back Space」キーまたは「Ctrl」＋「Z」キーを押すと、ハイパーリンクが解除される

14

W 後から解除するなら右クリックが速い

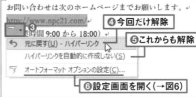

↑↩図3 ハイパーリンクが自動設定された文字列にマウスポインターを合わせ、表示される四角いマークに重ねる（❶❷）。現れた「オートコレクトのオプション」ボタンをクリックすると、設定の解除などができる（❸〜❻）。

↩図4 今回だけ解除するなら、ハイパーリンクが設定された文字列を右クリックし、「ハイパーリンクの削除」を選ぶのが速い（❶❷）

W 使わないならハイパーリンクの自動設定をオフ

↑図5 「ファイル」タブで「オプション」を選択（❶❷）。「文書校正」を選択し、「オートコレクトのオプション」ボタンをクリックする（❸❹）

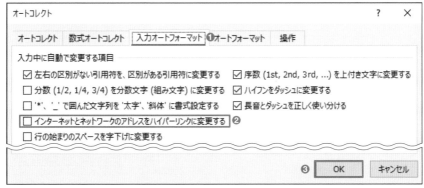

↑図6 「入力オートフォーマット」タブを開き、「インターネットとネットワークのアドレスをハイパーリンクに変更する」をオフにする（❶〜❸）

入力した文字が
勝手に変わるのを防ぐ

5分
時短

　正しく入力した文字が勝手に別の文字に変わってしまうようでは安心して入力できない。しかし、ワードには一般的な文法や書式設定に基づいて間違いと判断した文字列を自動修正する機能がある。そのまま使っていると、「(e)」が「€」になったり、「2nd」が肩文字の「2nd」になったりと、予期せぬ変換が行われる（**図1**）。

　文字が勝手に変身する原因は2つある。「(e)」が「€」になるのは「オートコレクト」、「2nd」が肩文字になるのは「入力オートフォーマット」が原因だ。

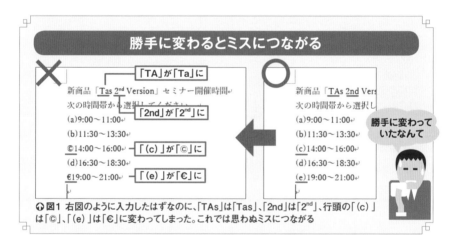

勝手に変わるとミスにつながる

「TA」が「Ta」に

「2nd」が「2nd」に

「(c)」が「©」に

「(e)」が「€」に

勝手に変わって
いたなんて

⬆図1 右図のように入力したはずなのに、「TAs」は「Tas」、「2nd」は「2nd」、行頭の「(c)」は「©」、「(e)」は「€」に変わってしまった。これでは思わぬミスにつながる

Ⓦ 「オートコレクトのオプション」ボタンで元に戻す

❶変身した文字列をポイント

❷四角いマークをポイント

❹今回だけ解除

❺これからも解除

❻ほかの設定も解除（→図3、図4）

⬆図2 マウスポインターを自動修正された文字列に合わせ、表示される四角いマークに重ねる（❶❷）。表示された「オートコレクトのオプション」ボタンをクリックして、今回だけ解除するか、これからも解除するかを選択する（❸～❻）

自動修正されてしまったら、表示されるボタンを使って元に戻すことができる（**図2**）。「…を自動的に…変更しない」を選べば、同じ文字列が今後自動修正されるのを防ぐことができる。この画面で「…オプションの設定」を選べば、ほかの文字列の自動修正も設定できる。勝手な変身をすべて防ぎたいなら、「オートコレクト」タブと「入力オートフォーマット」タブの両方を確認する（**図3、図4**）。自動修正は正しく使えば便利な機能なので、すべてオフにするのではなく、"余計なお節介"だと思う項目だけをオフにすると時短になるだろう。

Ⓦ 「オートコレクト」と「入力オートフォーマット」の設定を確認

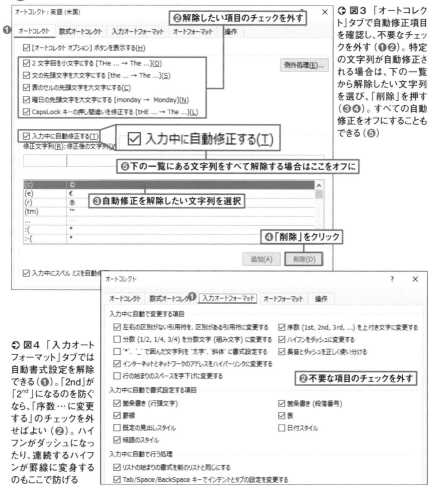

◒ **図3** 「オートコレクト」タブで自動修正項目を確認し、不要なチェックを外す（❶❷）。特定の文字列が自動修正される場合は、下の一覧から解除したい文字列を選び、「削除」を押す（❸❹）。すべての自動修正をオフにすることもできる（❺）

◒ **図4** 「入力オートフォーマット」タブでは自動書式設定を解除できる（❶）。「2nd」が「2ⁿᵈ」になるのを防ぐなら、「序数…に変更する」のチェックを外せばよい（❷）。ハイフンがダッシュになったり、連続するハイフンが罫線に変身するのもここで防げる

文字書式や配置が
引き継がれるのを防ぐ

　文書タイトルや見出しの文字は、サイズや色を変えたり、中央揃えにしたりして目立たせるのが、文書をわかりやすくするコツ。しかし、その後に入力すると書式が引き継がれてしまい、元の書式に戻す必要が生じる（**図1**）。手間がかかるだけでなく、何度も書式を変更しているとミスも起きる。

　こんなときは、手作業で書式を変更するのではなく、キーの組み合わせ（ショートカットキー）を覚えておくと簡単に乗り越えられる。すべての書式を解除するなら「Ctrl」+「Shift」+「N」キー。「No（ノー）」の「N」と覚えよう（**図2**）。

　強調したい文字を太字にしたときなど、文字書式だけを変更した場合は、「Ctrl」+「スペース」キーで解除できる（**図3**）。行揃えなどの段落書式は「Ctrl」+「Q」キーで解除可能だ（**図4**）。

　なお、「スタイル」機能で書式を変更した場合、これらのショートカットキーでは解除できない。スタイルを選び直すことで正しい書式に戻そう。

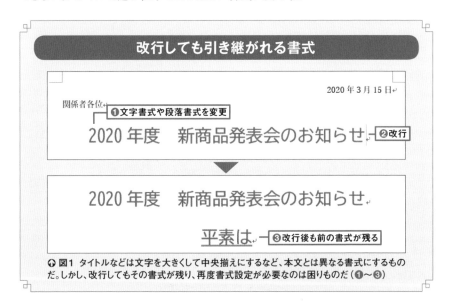

改行しても引き継がれる書式

2020 年 3 月 15 日

関係者各位

❶文字書式や段落書式を変更

2020 年度　新商品発表会のお知らせ　❷改行

2020 年度　新商品発表会のお知らせ

平素は　❸改行後も前の書式が残る

↑ **図1** タイトルなどは文字を大きくして中央揃えにするなど、本文とは異なる書式にするものだ。しかし、改行してもその書式が残り、再度書式設定が必要なのは困りものだ（❶〜❸）

Ⓦ 文字書式と段落書式をまとめて解除

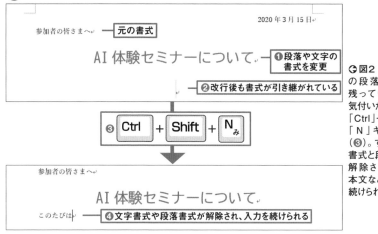

← 図2 改行後、前の段落の書式が残っていることに気付いたら（❶❷）、「Ctrl」＋「Shift」＋「N」キーを押す（❸）。すると、文字書式と段落書式が解除されるので、本文などの入力を続けられる（❹）

Ⓦ 文字書式、段落書式を個別に解除

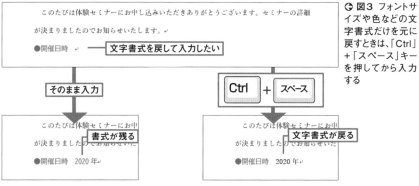

← 図3 フォントサイズや色などの文字書式だけを元に戻すときは、「Ctrl」＋「スペース」キーを押してから入力する

← 図4 配置や行間隔などの段落書式だけを元に戻すときは、「Ctrl」＋「Q」キーを押してから入力する

Section 05
ミニツールバーは非表示に プレビューもオフにして快適

1分 時短

　文字列を選択するたびに表示される「ミニツールバー」。画面上部にあるメニューやボタンを使わずに書式設定ができて便利ではあるが、使わない人にとっては目障りかもしれない（**図1**）。文字や図形の書式変更を行う際、作業途中に変更後の状態をプレビュー表示する「リアルタイムのプレビュー」も、うっとうしいと感じる人がいるだろう（**図2**）。

　このような自動表示機能が不要なら、オフにすることで煩わしさが軽減され、表示速度も上がる。

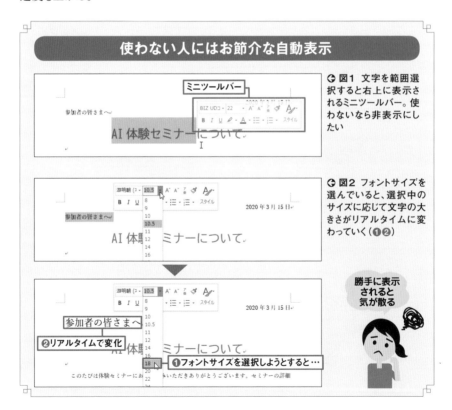

使わない人にはお節介な自動表示

ミニツールバー

参加者の皆さまへ

AI 体験セミナーについて

⊖ **図1** 文字を範囲選択すると右上に表示されるミニツールバー。使わないなら非表示にしたい

2020 年 3 月 15 日

参加者の皆さまへ

AI 体験　　ミナーについて

⊖ **図2** フォントサイズを選んでいると、選択中のサイズに応じて文字の大きさがリアルタイムに変わっていく（**❶❷**）

2020 年 3 月 15 日

参加者の皆さまへ

❷リアルタイムで変化

AI 体験　　ミナーについて

❶フォントサイズを選択しようとすると…

このたびは体験セミナーに　　　いただきありがとうございます。セミナーの詳細

勝手に表示されると気が散る

操作状況に応じた自動表示機能は、「Wordのオプション」の「全般」にある「ユーザーインターフェイスのオプション」で指定する（図3、図4）。

　文字列を選択するとうっすらと表示されるミニツールバーの表示を消したければ、「選択時にミニツールバーを表示する」をオフにする。選択中の文字列を右クリックすればミニツールバーを表示できるので、通常は消しておいても問題ないだろう。書式変更などの際に元の書式で表示しておきたいなら、「リアルタイムのプレビュー表示機能を有効にする」のチェックを外す。「ドラッグ中も文書の内容を更新する」のチェックを外せば、画像などをドラッグしている最中に周囲の文字配置が変更されることなく、元の表示が維持される（図5）。

Ⓦ 使わないなら自動表示をオフ

○図3「ファイル」タブで「オプション」を選択する（❶❷）

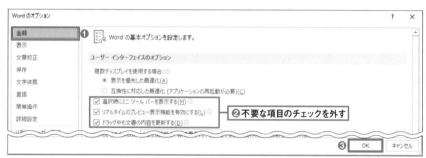

○図4「全般」を選択し（❶）、「選択時にミニツールバーを表示する」「リアルタイムのプレビュー表示機能を有効にする」「ドラッグ中も文書の内容を更新する」の3項目にチェックを付けるかどうかを検討（❷）。不要ならチェックを外す。「OK」ボタンをクリックする（❸）

Ⓦ 画像のドラッグ中に配置を変えない

○図5　図4で「ドラッグ中も文書の内容を更新する」のチェックを外すと、画像をドラッグして移動する際、移動中は文字などが動かなくなる

Word

Section 06

こだわりのレイアウトは「1字」より「1mm」単位で

3分 時短

　ワードにおいて、横方向の単位は「字」が基本。段落の最初の行だけ「字下げ」や「ぶら下げ」を行う場合、幅を「1字」に設定しておけば、文字サイズに応じて1文字分の字下げができるので便利だ（**図1**）。

　ただし、段落全体をインデントする場合、「字」は標準スタイルのフォントサイズ（通常は10.5ポイント）1文字分の幅に固定されており、ほかの文字サイズの場合はズレが生じる（**図2**）。また、画像をレイアウトする場合など、ルーラー（画面の上端・左端にある定規）が「ミリ（mm）」単位のほうが感覚的にわかりやすいことも多い。

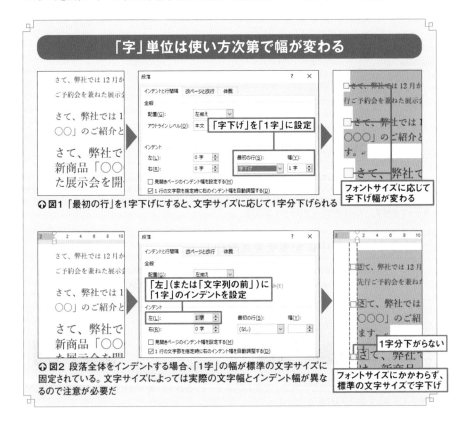

「字」単位は使い方次第で幅が変わる

「字下げ」を「1字」に設定

フォントサイズに応じて字下げ幅が変わる

⬆**図1**「最初の行」を1字下げにすると、文字サイズに応じて1字分下げられる

「左」（または「文字列の前」）に「1字」のインデントを設定

1字分下がらない

フォントサイズにかかわらず、標準の文字サイズで字下げ

⬆**図2** 段落全体をインデントする場合、「1字」の幅が標準の文字サイズに固定されている。文字サイズによっては実際の文字幅とインデント幅が異なるので注意が必要だ

作業内容を考慮して、「字」単位が使いづらいと感じるなら、ミリ単位に設定を変更することができる（**図3**）。ミリだけでなくポイント（pt）、インチ（in）、センチ（cm）などの単位も選べる。設定後はルーラーを表示させて確認してみよう（**図4**）。

　ミリ単位に変更しても、ダイアログボックスなどで「1字」のように単位を含めて入力すれば字単位での設定も可能。より使う機会の多い単位に設定しておけばよい。

Ⓦ 「字」単位ではなく「mm」単位に変更

← 図3 「ファイル」タブで「オプション」を選択（❶❷）。「詳細設定」を選択し、「表示」にある「単位に文字幅を使用する」のチェックを外す（❸❹）。「使用する単位」で「ミリメートル（mm）」を選択して「OK」ボタンをクリックする（❺❻）

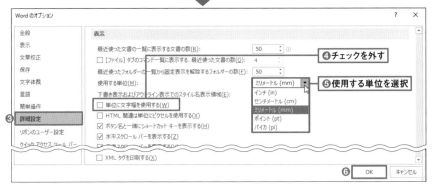

Ⓦ ルーラーで単位を確認

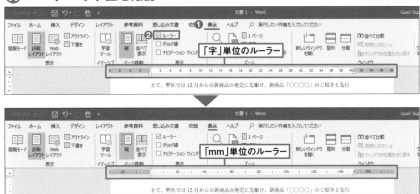

⬆ 図4 初期設定では、ルーラーの表示が「字」単位になっている。「表示」タブで「ルーラー」にチェックを付けて、確認してみよう（❶❷）。A4サイズの用紙設定なら、幅が148mmであれば単位は「mm」だ

Section 07
校正やスペルチェックは 最後にまとめて一度だけ

1分 時短

　ワードには、誤字脱字やスペルミス、ビジネス文書にふさわしくない「ら抜き」などを自動チェックする便利な機能が付いている。ただし、これらの校正機能を常時オンにしていると、作業中に赤色の波下線や青色の二重下線が表示され、そのたびに対処するのは効率が悪い（**図1、図2**）。作業中は校正機能をオフにして、確認時にまとめてチェックすることで気持ち良く作業できる。

　校正機能のオン／オフは、オプション設定画面で設定する（**図3、図4**）。校正機能を常時オフにしてしまうのが心配なら、「この文書のみ…」をオンにすることで、現在の文書に限定して波線などを非表示にすることもできる。文書の内容によっては、くだけた表現でも許されるものや、公文書のように厳密なチェックが必要なものもある。通常作成する文書の内容に応じて、校正する「文書のスタイル」を設定しておくと、より正確に目的に応じた校正ができる。

　確認するときには、「校閲」タブの「スペルチェックと文章校正」を実行するか、「F7」キーを押せばよい（**図5**）。

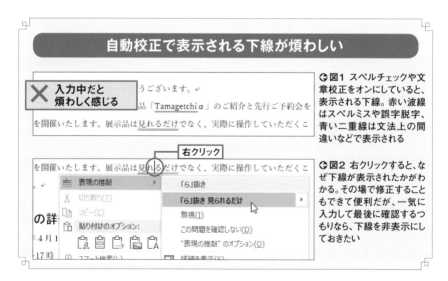

自動校正で表示される下線が煩わしい

⊕図1 スペルチェックや文章校正をオンにしていると、表示される下線。赤い波下線はスペルミスや誤字脱字、青い二重線は文法上の間違いなどで表示される

⊕図2 右クリックすると、なぜ下線が表示されたかがわかる。その場で修正することもできて便利だが、一気に入力して最後に確認するつもりなら、下線を非表示にしておきたい

Ⓦ 自動でスペルチェックしない設定に

⤷図3「ファイル」タブで「オプション」を選択（**❶❷**）

❷チェックを外す

⤴⤷図4「文章校正」を選択し、「入力時にスペルチェックを行う」と「自動文章校正」のチェックを外す（**❶❷**）。公用文など、通常とは異なる文書の場合、「文書のスタイル」を内容に応じて設定しておくとより正確にチェックできる（**❸**）。最後に「OK」ボタンをクリックする（**❹**）

Ⓦ 最後に手動で文章校正

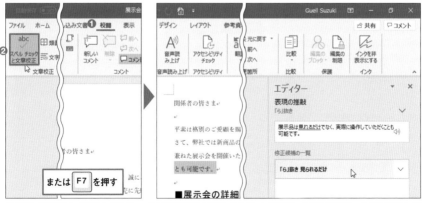

または [F7] を押す

⤴図5「校閲」タブで「スペルチェックと文章校正」ボタンをクリック（**❶❷**）。ミスなどが見つかると画面右側に「エディター」ウインドウが表示され、修正や確認ができる。「F7」キーでも校正を実行できる

Section 08 好みのフォント&段落設定で新規文書を開く

5分時短

ワードの初期設定では、フォントは「游明朝」、フォントサイズは「10.5ポイント」、行間は「1行」と決まっている（図1）。よく使う文字デザインや、行間などの段落設定が初期設定と違っていて、新規文書を作るたびに書式を変更しているのなら時間の無駄。最もよく使う設定を既定に設定すれば、かなりの時短になる。

既定のフォントを変更するには、「フォント」ダイアログボックスを開き、いつも使うフォント設定に変更して「既定に設定」ボタンをクリックする（図2）。今後作成する新規文書すべてにこの設定を適用するには、「Normal.dotmテンプレートを使用したすべての文書」を選択する［注］。

同様に既定の段落書式を変更する場合は「段落」ダイアログボックスで設定する（図3）。

なお、初期設定に戻したいときには、変更したときと同じ手順で元の設定に戻せばよい。また、設定を登録した「Normal.dotm」ファイル（ワードの標準テンプレート）を削除すると、次回ワードの起動時にすべて初期設定値に戻る（29ページ）。

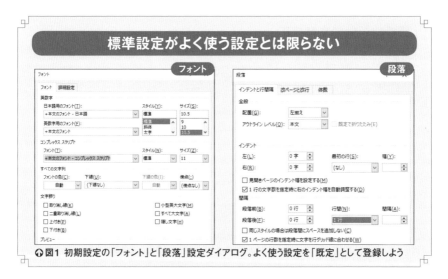

標準設定がよく使う設定とは限らない

↑図1 初期設定の「フォント」と「段落」設定ダイアログ。よく使う設定を「既定」として登録しよう

［注］アクセス許可の設定やアドインなどが原因で、既定のフォントを変更しても元に戻ってしまうことがある

Ⓦ 既定のフォントを設定

◐◑ 図2「ホーム」タブで「フォント」欄右下のボタンをクリックする（❶❷）。既定にしたいフォントの設定を行い、「既定に設定」ボタンをクリックする（❸❹）。この例では、日本語用のフォントを「MS P明朝」「11ポイント」に変更した。すべての新規文書で既定を変更するには、「Normal.dotm テンプレートを使用したすべての文書」を選択して、「OK」ボタンをクリックする（❺❻）

Ⓦ 既定の段落を設定

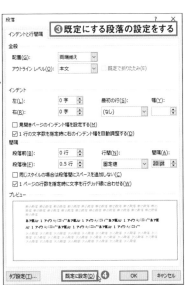

◐◑ 図3「ホーム」タブで「段落」欄右下のボタンをクリックする（❶❷）。既定にしたい段落の設定を行い、「既定に設定」ボタンをクリックする（❸❹）。この例では、行間を「固定値」、間隔を「20pt」に変更した。すべての新規文書で既定を変更するには、「Normal.dotm テンプレートを使用したすべての文書」を選択して、「OK」ボタンをクリックする（❺❻）

Word

Section 09

用紙サイズ、余白も好みの設定で新規作成

3分
時短

　新規文書は縦置きのA4サイズ、余白は上が35ミリ、それ以外は30ミリというのが初期設定だ（**図1**）。この余白が大きすぎると感じて、毎回設定を変更していないだろうか。時短を目指すならよく使う設定を既定にしよう。

　ここでは上下左右の余白を20ミリに変更する（**図2**）。ヘッダーやフッターを使うなら、変更した余白に合わせてヘッダーとフッターの位置も調整しておく（**図3**）。ほかにも「用紙」タブで用紙サイズ、「文字数と行数」で1ページ当たりの行数などを指定できる。最後に「既定に設定」をクリックすると、新規文書用のテンプレートを変更してよいかどうかの確認画面が表示されるので「はい」ボタンを押す。これで今後作成する新規文書すべてにこの設定が適用される。

　初期設定に戻したい場合は、同じ手順で数値を元に戻せばよい。また、設定を登録した「Normal.dotm」ファイルを削除することで、ページ設定だけでなく、フォントや段落などの設定もすべて初期設定に戻すことができる（**図4**）。

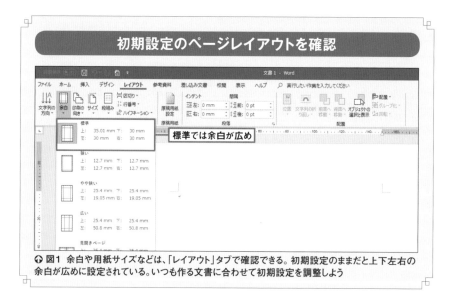

初期設定のページレイアウトを確認

🔴 **図1** 余白や用紙サイズなどは、「レイアウト」タブで確認できる。初期設定のままだと上下左右の余白が広めに設定されている。いつも作る文書に合わせて初期設定を調整しよう

28

Ⓦ 頻繁に使用するページ設定を既定として登録

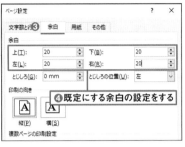

↑↔ 図2 「レイアウト」タブで「ページ設定」欄右下のボタンをクリックする（❶❷）。「余白」タブを開き、既定にしたい上下左右の余白を指定する（❸❹）。この例では、すべて「20」に変更した

❹ 既定にする余白の設定をする

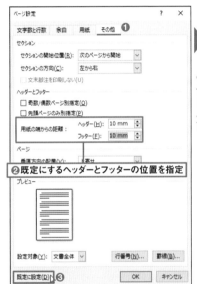

❷ 既定にするヘッダーとフッターの位置を指定

↔↕ 図3 続いて「その他」タブを開き、上下の余白に合わせて「ヘッダー」と「フッター」の位置を調整する（❶❷）。余白を狭くした場合は、ヘッダー、フッターの位置も狭くすればよい。最後に「既定に設定」ボタンをクリックする（❸）。確認画面で「はい」を選べば設定完了だ（❹）

Ⓦ 初期設定に戻すには「Normal.dotm」を削除

↔ 図4 エクスプローラーで「Normal.dotm」ファイルを探して削除する（❶❷）。通常はC:¥Users¥＜ユーザー名＞¥AppData¥Roaming¥Microsoft¥Templates内にある。このファイルを削除すると、次回起動時に初期設定値の「Normal.dotm」が自動作成される

Word

Section 10

使わない機能は非表示に ワードの操作性をアップ

3分 時短

書式設定、図やグラフの挿入、校閲作業など、ワードで操作をするたびに使うのが、画面上部に表示されているボタン類。オフィスでは「リボン」と呼ぶが、ボタンが多すぎて押し間違えたり、探しづらかったりしたことはないだろうか。リボンのボタンは多く、狭い画面では表示しきれずに省略表示になってしまうこともある。毎回使うものなので、スムーズに操作できるようにしておきたい。

一見、固定されているように見えるボタンだが、既定のボタン以外は消すことができる。グループ単位やタブ単位で非表示にもできるし、順序の並べ替えも可能だ（図1）。使い方に応じた配置にして、すぐに機能を選べるようにしよう。

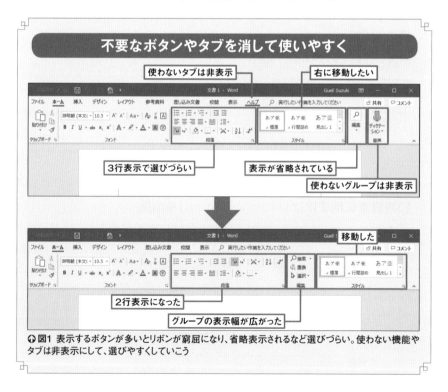

⬆図1　表示するボタンが多いとリボンが窮屈になり、省略表示されるなど選びづらい。使わない機能やタブは非表示にして、選びやすくしていこう

ボタンの配置は使い方次第

　リボンの配置を変更する前に、考えたいのが普段の使い方だ。例えば、普段ショートカットキーを多用する人なら、「ホーム」タブにある「クリップボード」グループは不要かもしれない。ワードを使い慣れた人なら、「ヘルプ」タブもほとんど使わないだろう。どのボタンを使い、どれを使わないかは、使う人次第。非表示にしたほうが使いやすくなる機能をあらかじめ考えてから作業に入ろう。

　リボンのボタンを編集するには、「リボンのユーザー設定」画面を開き、普段使わない機能やグループを選んで削除する（**図2**）。既定の機能は削除できないが、グループ単位であれば削除は可能だ。

Ⓦ 使わない機能、グループを削除

◐◑ 図2 リボンの何もない部分を右クリックして、「リボンのユーザー設定」を選択（❶❷）。開いた画面右側の「リボンのユーザー設定」から、使わない機能やグループを選んで「削除」をクリックする（❸❹）。最後に「OK」ボタンをクリックすると、設定が反映される（❺）

❶右クリック

よく使う機能は
「クイックアクセス」に登録

3分
時短

　ワードの機能はリボンから選ぶのが基本だが、タブの切り替えにひと手間かかったり、どのタブにあるのか探してしまうこともある。頻繁に使う機能は、いつでも選べる「クイックアクセスツールバー」に表示させておくと便利だ（**図1**）。

　リボンを使っていて、「この機能、すぐ選べるようにしたい」と思ったら、右クリックで簡単に追加できる（**図2**）。追加したい機能がリボンにない場合は、クイックアクセスツールバーの設定画面で追加する（**図3**）。この画面では機能の削除や並べ替え、グループ化などもできるので、使いやすく設定しよう。機能が多すぎて探せないときには、ワードの「操作アシスト」で検索して機能を登録することもできる（**図4**）。

いつでも選べるクイックアクセスツールバーを有効活用

いつでも
クリック1つ

◆ **図1** 画面左上に表示される「クイックアクセスツールバー」は、リボンと違っていつでも表示されているので必要なときにすぐ選べる

Ⓦ リボンからクイックアクセスツールバーに追加

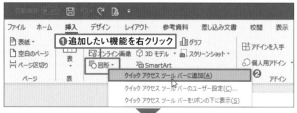

◆ **図2** リボンのボタンやメニューで追加したい機能を右クリックし（❶）、「クイックアクセスツールバーに追加」を選択（❷）。追加した順にクイックアクセスツールバーに並ぶ。順番を変えたいときは、図3下の画面で並べ替える

Ⓦ リボンにない機能をクイックアクセスツールバーに追加

↩↪ 図3 クイックアクセスツールバーの右端にある「▼」ボタンをクリックし(❶)、「その他のコマンド」を選択(❷)。左側で追加したい機能を選んで(❸)、「追加」を押し(❹)、最後に「OK」ボタンをクリックする(❺)

Ⓦ 機能を検索してクイックアクセスバーに追加

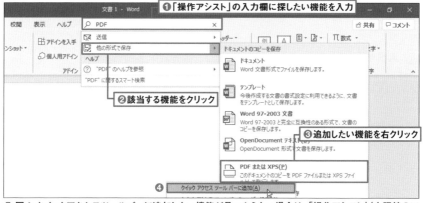

↥ 図4 クイックアクセスツールバーに追加したい機能が見つからない場合は、「操作アシスト」(虫眼鏡のアイコン)の入力欄に機能名を入力して検索する(❶)。見つかった機能を右クリックして、「クイックアクセスツールバーに追加」を選択する(❷〜❹)

起動時の画面を省略
白紙の文書を直接開く

1分
時短

　ワードを起動するたびに表示される「スタート画面」（**図1**）。ここで毎回「白紙の文書」を選んでいるなら、スタート画面を省略して、白紙の文書を直接開く設定にするとよい。ただし、スタート画面には「最近使ったアイテム」なども表示されるので、使い方に応じて、スタート画面を表示するかどうか考えてから設定しよう。

　起動時の設定を変更するには、「Wordのオプション」画面を開き、「このアプリケーションの起動時にスタート画面を表示する」をオフにすればよい（**図2**）。

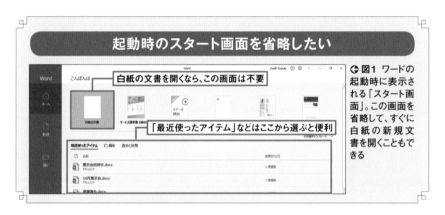

起動時のスタート画面を省略したい

白紙の文書を開くなら、この画面は不要

「最近使ったアイテム」などはここから選ぶと便利

◆**図1** ワードの起動時に表示される「スタート画面」。この画面を省略して、すぐに白紙の新規文書を開くこともできる

ⓦ スタート画面を非表示に設定

↑**図2** 「ファイル」タブで「オプション」を選択。「全般」を選択して、「起動時の設定」にある「このアプリケーションの起動時にスタート画面を表示する」をオフにする（❶～❸）

Word

Section 13

自動保存は3分間隔で
トラブルのリスクを最小限に

3分 時短

　文書の作成途中にトラブルが起き、苦労して書いた文章が消えてしまうこともある。上書き保存は「Ctrl」+「S」キーを使えば簡単なので、作業中はこまめに保存するよう心がけたい（**図1**）。

　とはいえ、トラブルは保存していないときに限って起きるもの。ワードの初期設定では、10分経過するごとに自動的にバックアップが作成される設定になっている。10分あればかなりの文章を入力できるので、せっかく書き上げた名文を無駄にしたくなければ、自動保存の間隔を「3分」などに変更してはいかがだろう（**図2**）。何かあっても3分前に戻れれば、かなりの文章を救えるはずだ［注］。

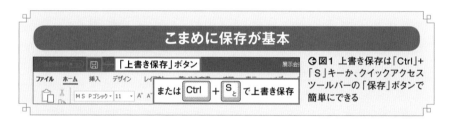

こまめに保存が基本

「上書き保存」ボタン

または **Ctrl** + **S** で上書き保存

○図1 上書き保存は「Ctrl」+「S」キーか、クイックアクセスツールバーの「保存」ボタンで簡単にできる

Ⓦ 自動保存の間隔を3分に変更

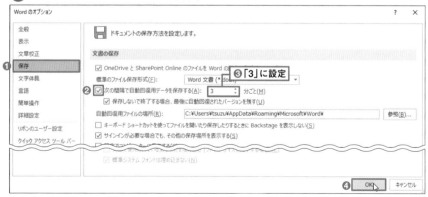

◐ 図2 「ファイル」タブで「オプション」を選択。「保存」を選択し（❶）、「次の間隔で自動回復用データを保存する」にチェックを付け、「3」分ごとに変更する（❷❸）。「OK」ボタンをクリックする（❹）

［注］オフィス365を利用していて、かつワンドライブのフォルダーにファイルを保存している場合、既定で数秒ごとに自動保存される

Word

Section 14

新規文書に含まれる個人情報を管理する

1分
時短

文書ファイルには、さまざまな情報が含まれている。文書を作成すれば作成者、更新すれば最終更新者、共同作業をすれば変更履歴やコメントにあなたの名前や会社名が残っているかもしれない（図1）。自動登録される名前には、ワードの「ユーザー名」が使われている。オフィスソフト導入時のマイクロソフトアカウントがユーザー名として登録されていることが多いので、ファイルを渡すときには要注意だ。

文書内に記録された情報は、ファイルの「プロパティ」で確認できる。既存のファイルを人に渡す場合には、見られて困る情報を削除してから渡すようにしたい（図2～図4）。インターネットで配布する場合など、個人情報が残ると困る文書は、「ドキュメント検査」機能を利用して個人情報をすべて削除することもできる。

今後作業する文書に余計な個人情報が入らないよう、ユーザー名を変更しておけば、毎回確認せずに済む（図5）。ユーザー名は削除すると共同作業の際などに困るので、会社名や名字など、情報が残っても問題のない名前にするとよいだろう。

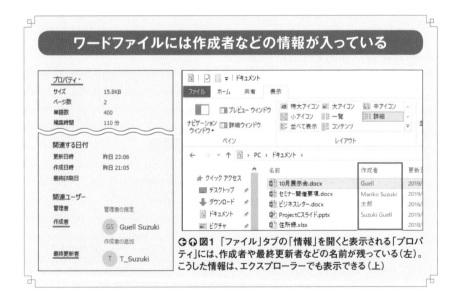

ワードファイルには作成者などの情報が入っている

🔄🔄**図1** 「ファイル」タブの「情報」を開くと表示される「プロパティ」には、作成者や最終更新者などの名前が残っている（左）。こうした情報は、エクスプローラーでも表示できる（上）

Ⓦ プロパティの情報を確認、修正する

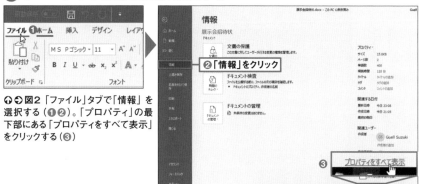

↩↪ 図2 「ファイル」タブで「情報」を
選択する（❶❷）。「プロパティ」の最
下部にある「プロパティをすべて表示」
をクリックする（❸）

第
1
章

お
節
介
機
能
は
停
止
！
自
分
用
設
定
で
時
短

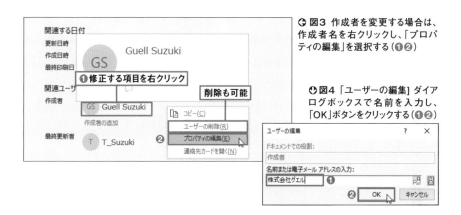

↪ 図3 作成者を変更する場合は、
作成者名を右クリックし、「プロパ
ティの編集」を選択する（❶❷）

↩ 図4 「ユーザーの編集」ダイア
ログボックスで名前を入力し、
「OK」ボタンをクリックする（❶❷）

Ⓦ 自動で記録されるユーザー名を変更

↩ 図5 「ファイル」タブで「オプション」を選択し、「Wordのオプション」ダイアログボックスで「全般」を選
択する（❶）。「ユーザー名」と「頭文字」を適宜修正し、「Officeへのサインイン状態にかかわらず、常にこ
れらの設定を使用する」にチェックを付ける（❷〜❹）。「OK」ボタンをクリックする（❺）

いつものフォルダーに最速で保存

文書を作るたびに必要になるのがファイルの保存作業。パソコン内に保存する場合、「名前を付けて保存」画面で「参照」を選び、保存するフォルダーを選んでファイル名を指定するのが一般的だ（**図1**）。これでは手間がかかりすぎる。新規保存の手間を省きたいなら、見直すべき点が2つある。

いつも保存するフォルダーを既定に設定

1つは、既定のフォルダーを見直すこと。パソコン内に保存する場合、「ドキュメント」フォルダーが既定となっている。いつも保存するフォルダーが別にあるなら、そのフォルダーを既定に設定すれば、フォルダー選択の手間を省ける（**図2、図3**）。

ワンドライブなどのクラウドストレージを使っていないなら、「既定でコンピューターに保存する」にチェックを付けておくとよい（**図4**）。この設定にすると、「このPC」を選んだ状態で「名前を付けて保存」画面を開くことができる。

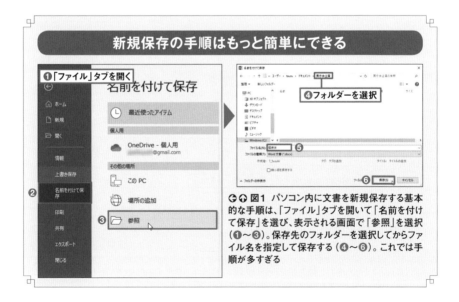

新規保存の手順はもっと簡単にできる

❶「ファイル」タブを開く

❹フォルダーを選択

◆◆**図1** パソコン内に文書を新規保存する基本的な手順は、「ファイル」タブを開いて「名前を付けて保存」を選び、表示される画面で「参照」を選択（❶～❸）。保存先のフォルダーを選択してからファイル名を指定して保存する（❹～❻）。これでは手順が多すぎる

Ⓦ よく使うフォルダーを既定のフォルダーに設定

◆図2 「ファイル」タブで「オプション」を選び、「Wordのオプション」ダイアログボックスを開く。「保存」を選択し、「既定のローカルファイルの保存場所」の「参照」ボタンをクリックする（❶❷）

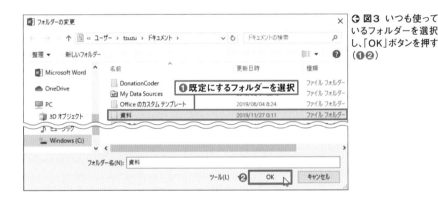

◆図3 いつも使っているフォルダーを選択し、「OK」ボタンを押す（❶❷）

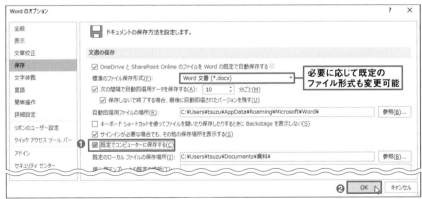

◆図4 元の画面に戻る。いつもパソコン内に保存するなら、「既定でコンピューターに保存する」にチェックを付けておくとよい（❶）。確認して「OK」ボタンを押す（❷）

設定が済んだら、既定のフォルダーが変わったことを確認しておこう（図5、図6）。「名前を付けて保存」画面で「このPC」か「参照」を選び、指定したフォルダーが自動的に選択されていれば設定完了だ。

「F12」キーで保存ダイアログを直接開く

さらに、保存時に開く図5の画面が煩わしく、図6の「名前を付けて保存」ダイアログボックスを直接開きたいという人は、「F12」キーを使おう。「F12」キーを押せば直接「名前を付けて保存」ダイアログボックスを表示して、フォルダーの選択などができる（図7、図8）。

Ⓦ 既定フォルダーが変わったことを確認

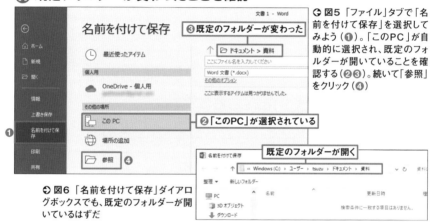

⊙ 図5 「ファイル」タブで「名前を付けて保存」を選択してみよう（❶）。「このPC」が自動的に選択され、既定のフォルダーが開いていることを確認する（❷❸）。続いて「参照」をクリック（❹）

⊙ 図6 「名前を付けて保存」ダイアログボックスでも、既定のフォルダーが開いているはずだ

Ⓦ パソコン内に新規保存するなら「F12」キーを使う

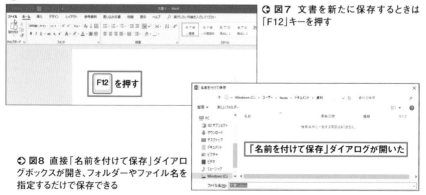

⊙ 図7 文書を新たに保存するときは「F12」キーを押す

⊙ 図8 直接「名前を付けて保存」ダイアログボックスが開き、フォルダーやファイル名を指定するだけで保存できる

第2章

タイプ練習いらずの
入力時短術

文字入力のスピードをアップするには、タイピングを練習するしかない、などと思っているなら大きな勘違いだ。ワードや日本語入力ソフトの機能をうまく活用すれば、文字の入力は格段に速くなる。ここでは、入力に関する時短テクニックをまとめて紹介していこう。

- ●定型文は登録して簡単入力
- ●予測入力の使いこなしが入力を変える
- ●変換を楽にするキー操作
- ●検索と置換を活用して一括修正　ほか

単語だけじゃない
長文も単語登録で簡単入力

　ビジネス文書ではよく使う言い回しがある。頻繁に入力する言葉は、「IME」(日本語入力ソフト)の辞書に登録することで、入力時に変換候補として表示されるようになる(**図1**)。通常のかな漢字変換と同じ操作で入力でき、ワード以外のソフトでも利用できるので時短に効果的だ。

　ウィンドウズ標準の「Microsoft IME」では、「単語の登録」機能で辞書に登録できる。「単語の登録」という名称ではあるが、単語だけでなく60文字以内の文章も登録可能。句読点が入っても問題ないので、定型文の登録にはもってこいだ。ただし、60文字を超える文字列や書式などを含む場合はこの機能では登録できないので、ワードの「クイックパーツ」(72ページ)を使うとよいだろう。

　登録の手間を省きたいなら、作成済みの文書などで登録したい文章を選択してから作業を始める(**図2**)。Microsoft IMEの入力モードボタンから「単語の登録」を選ぶと「単語の登録」ダイアログボックスが開き、選択中の文章が登録する文字列として表示される(**図3**)。

　「よみ」は通常漢字の読み仮名だが、定型文の場合は呼び出すためのキーワード。「よみ」の文字数が多いと入力時に手間取るので、2〜3文字が最適だ。

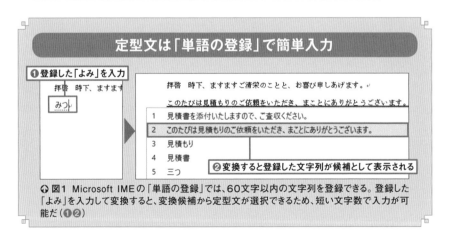

定型文は「単語の登録」で簡単入力

❶登録した「よみ」を入力

❷変換すると登録した文字列が候補として表示される

🔼 図1 Microsoft IMEの「単語の登録」では、60文字以内の文字列を登録できる。登録した「よみ」を入力して変換すると、変換候補から定型文が選択できるため、短い文字数で入力が可能だ(❶❷)

文章を登録する場合、「品詞」は「短縮よみ」を選択する。例えば、「見積書をお送りいたします。」を「みつ」という読み仮名で登録した場合、品詞が「短縮よみ」であれば、「みつを」と入力した場合の変換候補には表示されない。しかし、品詞を「人名」にした場合、「見積書をお送りいたします。を」といった妙な候補が表示され、余計な手間がかかる。正しい品詞で登録しておこう。

Ⓦ IMEの単語登録で定型文を登録

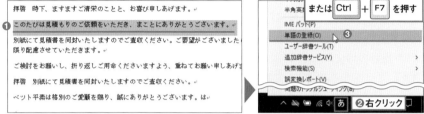

🔼 図2　登録したい文章を選択してから登録すると入力の手間を省ける（①）。IMEの入力モードボタンを右クリックして「単語の登録」を選択する（❷❸）。「Ctrl」+「F7」キーを押してもよい

🔼 図3　「単語」欄には選択中の文字列が入る（①）。覚えやすい「よみ」を入力（②）。文章であれば「品詞」は「短縮よみ」を選択する（❸）。「登録」→「閉じる」とクリックする（❹❺）

Word

Section 02

現在の日付や時刻は自動入力で手間いらず

1分
時短

ビジネス文書の中には、送り状や申請書のように、日付などを書き換えて繰り返し使用する文書がある。正確な作成日時を印刷することが重要な文書では、文書を開いた日付や時刻が自動的に入力されるようにしておけば手間を省ける（**図1**）。ワードでは、現在の日付や時刻を「日付と時刻」ダイアログボックスから簡単に入力できる。自動的に更新する設定にしておけば、文書を開くたびに書き換わる（**図2〜図4**）。時刻の場合は、図3で「グレゴリオ暦」を選択するのがポイントだ。

自動で書き換わると困る文書であれば、「予測入力」（次項参照）を使って日時を入力しよう。「きょう」で日付、「いま」で現在時刻を入力できる（**図5**）。

自動更新で毎回正確な日時を入力

申請者の面接メモ フォーム

面接の詳細		
日付：令和元年 12 月 4 日(水)		時刻：午後 12 時 56 分
面接官の名前：	面接官の名前を入力	
面接官	現在の日付を挿入	現在の時刻を挿入	番号：番号を入力
応募する職位：	応募する職位を入力	
必要なスキル：	必要なスキルを入力	

申請者の面接メモ フォーム

面接の詳細		
日付：令和 2 年 1 月15日(水)		時刻：午後 16 時 25 分
面接官の名前：	面接官の名前を入力	
面接官の役職：	文書を開くたびに更新される	面接官の電話番号：面接官の電話番号を入力
応募する職位：	応募する職位を入力	
必要なスキル：	必要なスキルを入力	

⬆**図1** 申込書や届出書など、日付を書き入れる書類は多い。文書を開いたときに現在の日付が自動表示されるようにしておけば、入力の手間が省ける

 開いた時点で更新される日付・時刻を入力

○→図2 カーソルを入力位置に移動して（❶）、「挿入」タブの「日付と時刻」をクリックする（❷❸）

○→図3 「言語の選択」から「日本語」または「英語（米国）」を選択する（❶）。「日本語」を選んだときは「カレンダーの種類」で「和暦」か「グレゴリオ暦」を選択（❷）。「表示形式」から日付のスタイルを選ぶ（❸）。日時を自動更新したい場合は、「自動的に更新する」にチェックを付ける（❹）。「OK」ボタンをクリックする（❺）。カーソル位置に現在の日付が表示される

○→図4 現在の日付が入力されたら、同様の手順で時刻を入力する。「カレンダーの種類」で「グレゴリオ暦」を選択すると、時刻用の表示形式を選べるようになる

 日付は「きょう」、時刻は「いま」で入力も可能

○→図5 IMEの予測入力機能を使う方法もある。「いま」と入力すれば現在時刻、「きょう」と入力すれば現在の日付が予測入力の変換候補から選べる

Word

Section 03

省エネ入力のポイントは予測入力の使いこなし

5分 時短

　「あ」と入力すれば、「ありがとうございました」や「明日」など、「あ」で始まる変換候補が自動表示されるのは、スマホでは当たり前の機能だ。すべての文字を入力してから変換する従来の変換とは違い、入力された文字から予測される変換候補を表示する「予測入力」は、少ない文字数で入力するための重要な機能といえる。

　そんな予測入力は「Microsoft IME」にも搭載されており、1文字でも入力すれば変換候補を表示してくれる（**図1**）。最初に表示される候補は5つで、最近入力した文字列を優先的に表示するため、頻繁に入力する文字列ほど入力しやすくなる仕組みだ。

　予測候補に目的の文字列がなければそのまま入力を続け、「スペース」キーで変換して通常の変換候補から選択する。入力の手間を省きたければ、予測入力と通常の変換をうまく組み合わせるのがポイントだ。

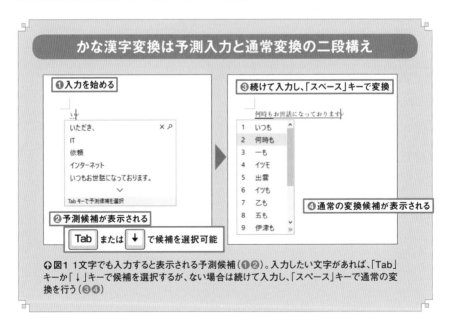

⬆図1 1文字でも入力すると表示される予測候補（❶❷）。入力したい文字があれば、「Tab」キーか「↓」キーで候補を選択するが、ない場合は続けて入力し、「スペース」キーで通常の変換を行う（❸❹）

文章で入力するほど便利になる予測入力

　予測候補で優先されるのは入力履歴であり、新しい履歴ほど上位に表示される。また、単語だけでなく句読点の入った文章まで表示される。この2点を考えると、日ごろから文節で区切らず文章単位で変換していれば、予測候補に文章が表示される確率が高くなる。「へ」の1文字で「平素は格別のご愛顧を賜り、誠にありがとうございます。」に変換できれば、入力の手間はかなり省けることになる（**図2**、**図3**）。

　予測入力には、通常の変換にはない機能もある。「きょう」や「いま」で現在の日時を入力できることは前項で紹介したが、ほかにも「あした」「あさって」「ことし」「きょねん」などで、日や年を入力することができる（**図4**）。

から文章単位で区切らず

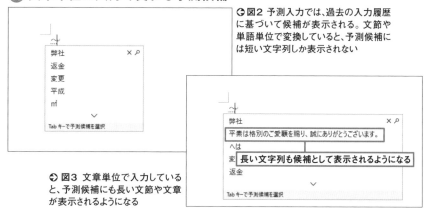

◐ **図2** 予測入力では、過去の入力履歴に基づいて候補が表示される。文節や単語単位で変換していると、予測候補には短い文字列しか表示されない

◐ **図3** 文章単位で入力していると、予測候補にも長い文節や文章が表示されるようになる

ⓦ 予測入力なら日付や時刻の入力が簡単

◑ **図4** 「きょねん」「さらいねん」「しあさって」など、年月日や時刻を表す言葉を入力すると、予測候補には実際の日付や時刻などが表示される。「あさっては何日だっけ?」などと考える必要はない

設定で予測入力をより快適に

　便利な予測入力だが、1文字の入力で目的の文字列を入力できる確率は高くない。すぐに予測候補が表示されるのをうっとうしいと感じるなら、2～3文字くらいに変更して使ってみよう（**図5**）。

　過去の入力履歴が候補として表示される予測入力では、誤変換がそのまま表示されてしまうこともある。その候補を選択しなければ自然消滅していくが、ほかの人に見られたくない、表示されると煩わしいと感じるなら、その場で削除することもできる（**図6**）。

　セキュリティの問題などで入力履歴を残したくない場合は、履歴の使用をオフにして、これまでの入力履歴を消去する（**図7**）。履歴を使用しない場合でも、少ない文字数で入力できる予測入力は効果的だが、「通常の変換以外使わない」という場合は予測入力をオフにもできる。

　「予測入力サービス」を利用すると、インターネットを利用して予測候補を追加することができる。「クラウド候補」で最新用語、「住所」で住所、「りんな」で女子高生のような若者言葉が予測候補に表示されるようになる（**図8**、**図9**）。

Ⓦ 予測候補を表示するまでの文字数を増やす

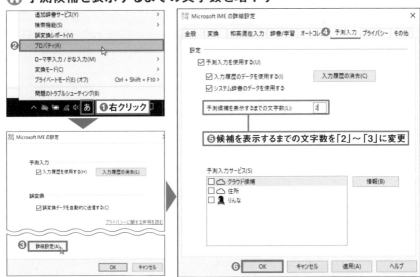

🔼**図5** 入力モードボタンを右クリックし、「プロパティ」を選択（❶❷）。次の画面で「詳細設定」をクリックする（❸）。「予測入力」タブを選択し、予測入力が起動するまでの文字数を変更する（❹～❻）

🅦 見られたくない入力履歴を個別に削除

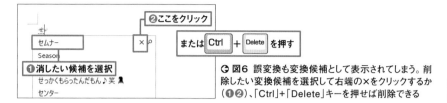

❷ここをクリック

または Ctrl + Delete を押す

❶消したい候補を選択

🔄 図6 誤変換も変換候補として表示されてしまう。削除したい変換候補を選択して右端の×をクリックするか（❶❷）、「Ctrl」+「Delete」キーを押せば削除できる

🅦 入力履歴を使うかどうかは設定次第

予測入力のオン／オフ

使用するデータを選択

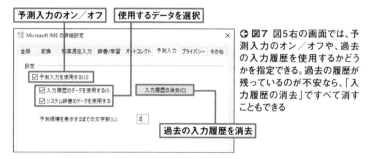

過去の入力履歴を消去

🔄 図7 図5右の画面では、予測入力のオン／オフや、過去の入力履歴を使用するかどうかを指定できる。過去の履歴が残っているのが不安なら、「入力履歴の消去」ですべて消すこともできる

🅦 予測入力なら女子高生言葉にも変換!?

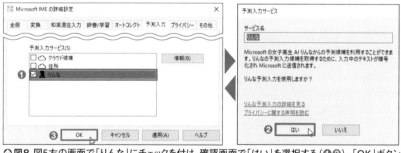

🔄 図8 図5右の画面で「りんな」にチェックを付け、確認画面で「はい」を選択する（❶❷）。「OK」ボタンをクリックすると（❸）、予測候補に女子高生のような若者言葉が表示されるようになる

🔄 図9 「りんな」を使った予測候補には、右端に女子高生のアイコンが表示される。なお、りんなは日本マイクロソフトが開発した女子高生AI（人工知能）の名前

Word

Section 04

思い付くままに入力するなら
自動変換後に再変換

1分
時短

　読み仮名を入力後、「スペース」キーで変換するのが日本語入力の常識だが、実は「変換」キーでも「スペースキー」と同様にかな漢字変換ができる。また、カタカナに変換する場合は「無変換」キーや「F7」キーで一発変換できるなど、変換する方法はいろいろある。変換操作自体が面倒なら、とにかくひらがなで入力を続けていけば先頭から自動的に変換されていく（**図1**）。最後に一度だけ変換操作を行い、変換ミスした文字列を再変換の機能で修正すれば完了だ（**図2**）。

　今どきのIMEは優秀なので、ビジネス文書に出てくるような文章であれば、かなりの確率で正確に変換できる。アイデアを思い付くままに入力したいときなどに利用するとよさそうだ。

　自動変換を本格的に使うのであれば、自動変換を行うまでの文字列の長さを「短め」に設定するのがお勧め（**図3、図4**）。さらに「句読点変換」を使えば「、」や「。」が入力されると自動変換が行われるようにできる（**図5**）。

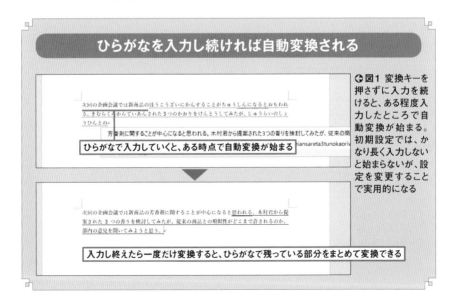

ひらがなを入力し続ければ自動変換される

ひらがなで入力していくと、ある時点で自動変換が始まる

⬅図1 変換キーを押さずに入力を続けると、ある程度入力したところで自動変換が始まる。初期設定では、かなり長く入力しないと始まらないが、設定を変更することで実用的になる

入力し終えたら一度だけ変換すると、ひらがなで残っている部分をまとめて変換できる

Ⓦ 間違った言葉は再入力せず再変換で対応

①変換ミスした文字列を選択

② 変換 を押す

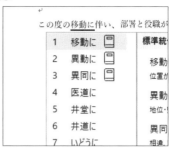

⬆➡ **図2** 後から変換ミスに気付いた場合は、再変換する範囲をドラッグで選択（①）。「変換」キーまたは「スペース」キーを押せば再変換が可能だ（②）

Ⓦ 自動変換のタイミングは自分でコントロール

①右クリック

⬆➡ **図3** 入力モードボタンを右クリックし、「プロパティ」を選択（①②）。次の画面で「詳細設定」をクリックする（③）

②自動変換までの長さを選択

④「句読点変換」をオンにして句読点を選択

⬅⬆ **図4** 「変換」タブを選択する（①）。早めに自動変換を始めるなら「短め」を選択し、「詳細設定」を押す（②③）。句読点で自動変換する場合は「句読点などの…」にチェックを付け、句読点の種類を選ぶ（④〜⑥）

自動変換が始まる

句読点でも自動変換

➡**図5** 自動変換を「短め」にすると早めに自動変換が始まる。句読点でも自動変換される

変換候補が多いときは「スペース」キーより番号で指定

Word

Section 05

1分 時短

通常の変換を行う際、目的の文字を選ぶときには「スペース」キー、行きすぎてしまった場合は「Shift」+「スペース」キーで候補を選ぶのが一般的だ。「↓」キーと「↑」キーでも同様に候補の選択ができる。候補が多い場合は何度も「スペース」キーを押すより、左側に表示される番号を押すのが手っ取り早い（**図1**）。

さらに候補が多い場合は「Tab」キーを押して候補ウインドウを広げ、一覧から選ぶと楽だ（**図2**）。目的の文字列が後ろのほうにあるなら、「→」キーを押すごとに数字の位置が移動するので、選びたい候補がある列まで移動し、数字で指定すると楽に選べる。

Ⓦ 候補が多いなら番号で選ぶ

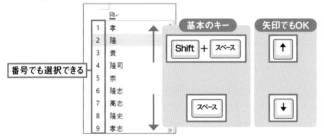

◐図1 変換キーを2回押すと表示される変換候補。「スペース」キーで次の候補、「Shift」+「スペース」キーで前の候補を選ぶのが基本だが、上下の矢印キーでも同じ操作ができる。候補が多いときには、こうしたキーを何度も押すより、番号で選択するのが手早く、間違いが少ない

Ⓦ 多すぎる候補は「Tab」キーでウインドウを広げて選ぶ

⬆図2 変換候補が多い場合、「Tab」キーを押すと候補が一覧表示され、選びやすくなる。「→」キーを押すごとに番号が右の列に移動するので、キー入力だけでも候補を選びやすい

変換操作は
押しやすいキー優先

　入力する文字種に応じて日本語入力ソフトのオン／オフを切り替えるときには、「半角／全角」キーを使うのが一般的だ。しかし、ホームポジションに指を置いていて「半角／全角」キーが押しづらいなら、「Caps Lock」キーでも切り替えられる（**図1**）。このキーはホームポジションのすぐ横にあり、キーが大きめで押しやすい。また、「カタカナ ひらがな」キーでも日本語入力ソフトをオンにすることはできる。ただし、オフはできない。よく使う変換操作には、このように複数のキーが割り当てられていることが多いので、使いやすいキーを選ぶのがスピードアップのコツだ。

　ひらがなをカタカナや英字などに変換する場合、「スペース」キーを何度も押すより、ショートカットキーを使ったほうが楽だ。文字種変換のショートカットキーとしては、「F6」〜「F10」キーを使う人が多いが、最近のノートパソコンでは「Fn」キーを押さないとファンクションキーが機能しない機種もある。「Fn」キーはファンクションキーとかなり離れていて押しづらいので、「Ctrl」キーを使ったショートカットキーを試してみよう（**図2**）。カタカナに変換するなら、「無変換」キーでも一発変換できる。

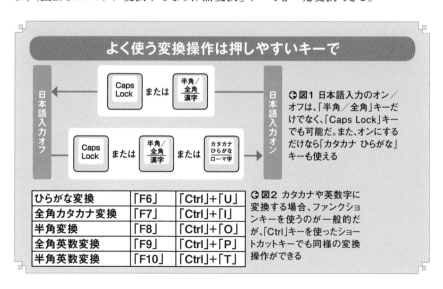

よく使う変換操作は押しやすいキーで

日本語入力オフ ← 「Caps Lock」 または 「半角／全角漢字」 ← 日本語入力オン

○**図1** 日本語入力のオン／オフは、「半角／全角」キーだけでなく、「Caps Lock」キーでも可能だ。また、オンにするだけなら「カタカナ ひらがな」キーも使える

日本語入力オフ ← 「Caps Lock」 または 「半角／全角漢字」 または 「カタカナ ひらがな ローマ字」 → 日本語入力オン

ひらがな変換	「F6」	「Ctrl」+「U」
全角カタカナ変換	「F7」	「Ctrl」+「I」
半角変換	「F8」	「Ctrl」+「O」
全角英数変換	「F9」	「Ctrl」+「P」
半角英数変換	「F10」	「Ctrl」+「T」

○**図2** カタカナや英数字に変換する場合、ファンクションキーを使うのが一般的だが、「Ctrl」キーを使ったショートカットキーでも同様の変換操作ができる

おかしな変換候補は
辞書の修復で解決

1分
時短

　学習機能がある日本語入力ソフトは、使い込むほど徐々に変換効率が上がり、使いやすくなるものだ。ところが、間違った変換を繰り返していると、その"誤変換"まで学習してしまい、間違った候補が上位に表示されることがある（**図1**）。予測候補であれば間違った候補を個別に削除することもできる（49ページ）。しかし、誤変換が入力の邪魔になったり、通常なら出てくるはずの変換候補が表示されなかったりする場合、IMEの辞書ファイルに原因があるかもしれない。変換が遅くなる、文節区切りがおかしくなる、あるいは漢字に変換できないといった現象が起きることもある。そんなときは、辞書の修復を試してみよう（**図2〜図5**）。この操作で学習情報、ユーザー辞書、入力履歴が修復され、予測変換を含めた変換動作が改善できる。

　ただし、ユーザー辞書に問題があると、自分で辞書に登録した語句の一部が削除されてしまう場合もある。修復後、登録したはずの語句が変換候補に表示されない場合は、再度登録し直す必要がある。ユーザー辞書はコピーしておくことができるので、正常に動くときにバックアップしておくとよいだろう（**図6**）。

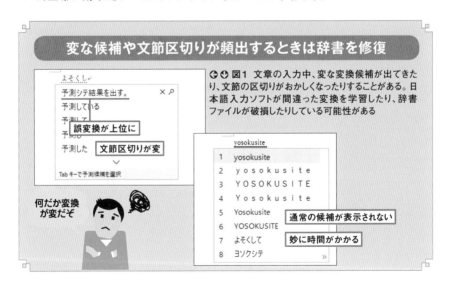

変な候補や文節区切りが頻出するときは辞書を修復

◑◐ **図1** 文章の入力中、変な変換候補が出てきたり、文節の区切りがおかしくなったりすることがある。日本語入力ソフトが間違った変換を学習したり、辞書ファイルが破損したりしている可能性がある

よそくし

予測シテ結果を出す。　　　×　⌕

予測している

予測シテ　　誤変換が上位に

予測　　　　文節区切りが変

予測した

Tab キーで予測候補を選択

何だか変換
が変だぞ

yosokusite

1　yosokusite
2　ｙｏｓｏｋｕｓｉｔｅ
3　ＹＯＳＯＫＵＳＩＴＥ
4　Ｙｏｓｏｋｕｓｉｔｅ
5　Yosokusite　　通常の候補が表示されない
6　YOSOKUSITE
7　よそくして　　妙に時間がかかる
8　ヨソクシテ　　　　　　　　　　»

Ⓦ IMEの辞書をワンタッチで修復

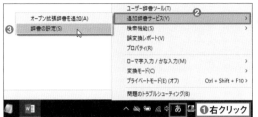

⊙ 図2　入力モードボタンを右クリックし、「追加辞書サービス」から「辞書の設定」を選択（❶〜❸）

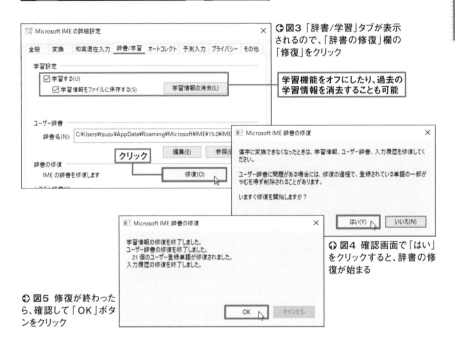

⊙ 図3　「辞書/学習」タブが表示されるので、「辞書の修復」欄の「修復」をクリック

学習機能をオフにしたり、過去の学習情報を消去することも可能

⊙ 図4　確認画面で「はい」をクリックすると、辞書の修復が始まる

⊙ 図5　修復が終わったら、確認して「OK」ボタンをクリック

Ⓦ ユーザー辞書はバックアップできる

⊙⊙ 図6　入力モードボタンを右クリックし、「ユーザー辞書ツール」を選択する（❶❷）。「ツール」から「一覧の出力」を選択し、ファイルに保存する（❸❹）

Word

Section 08

あいさつ文で悩まない
入力せずに選ぶだけ

3分 時短

招待状など、改まった文書に欠かせないのがあいさつ文。季節に応じて気の利いた文面がすぐに浮かべばよいのだが、インターネットで調べたりしているくらいなら、ワードの「あいさつ文」機能に頼るのが賢い方法だ。

「挿入」タブの「あいさつ文」から起動して、文書を発送する月を選べば、適したあいさつ文候補が表示されるので、選ぶだけでよい（**図1、図2**）。

「あいさつ文」では、本題を始めるときの「起こし言葉」と、本文入力後の締めとして入力する「結び言葉」も同様の手順で挿入することができる。

Ⓦ 季節のあいさつ文を選ぶだけで入力

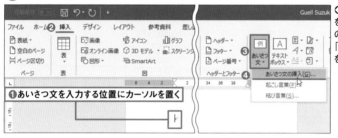

⊙**図1** 入力する位置を選択し、「挿入」タブの「あいさつ文」から「あいさつ文の挿入」を選択する（❶〜❹）

見積書送付のお知らせ

陽春の候、貴社ますますご清祥のこととお慶び申し上げます。平素は格別のお引き立てをいただき、厚く御礼申し上げます。

❻指定したあいさつ文が入力できた

⊙❺ **図2** 文書を作成または送付する月を選択する（❶）。選んだ月に応じたあいさつ文が表示されるので、季節のあいさつ、安否のあいさつ、感謝のあいさつをそれぞれ選択する（❷〜❹）。「OK」ボタンをクリックすると、指定したあいさつ文が入力される（❺❻）

56

よく使う記号は
ショートカットキーで入力

**1分
時短**

「○」や「〒」などの一般的な記号は、「まる」や「ゆうびん」といった読みで変換できる。しかし、使用頻度の少ない記号や読みのわからない記号は、「記号と特殊文字」の一覧から探して選択することになり、入力に手間がかかる（**図1**）。

「この記号はよく使う」と思ったら、入力するだけでなく、ショートカットキーに登録すると、そのキーを押すだけで入力できるようになる（**図2**）。

記号は「単語の登録」で日本語入力ソフトの辞書に登録することもできるので、使用頻度などを考えて使いやすい方法を選ぼう（42ページ）

W ショートカットキーで記号を入力できるようにする

◐**図1** 「挿入」タブで「記号と特殊文字」から「その他の記号」を選択する（**❶**〜**❸**）

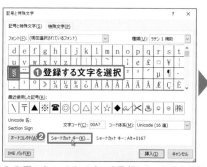

◐◑**図2** ショートカットキーを登録したい記号を選択し、「ショートカットキー」をクリックする（**❶❷**）。「割り当てるキーを押してください」の入力欄を選択して、割り当てるキーを押す（**❸**）。「割り当て」をクリックし、登録できたら「閉じる」を押す（**❹❺**）

57

Word

Section 10

PDFをワード文書に変換
直接開いて再利用

資料の受け渡しなどに使われる文書ファイルの形式は、「PDF」が主流となっている。客先やセミナーで渡される資料や、インターネットでダウンロードした説明書などの多くがPDFファイルだ。テキストデータを含むPDFなら、そのテキストをワードで再利用することもできるが、PDF上ではうまくコピーできなかったり、ワードに貼り付けた後、レイアウトに苦労したりする。そんなときは、ワードでPDFを直接開けばよい。すると「文字編集ができるワードファイル」に変換できる（**図1**）。

PDFファイルは、通常のワードファイルと同様に「ファイル」タブの「開く」で開くことができる（**図2、図3**）。また、エクスプローラーで該当するPDFを右クリックし、開くプログラムとしてワードを選んでもよい（**図4**）。どちらの方法でも、同じ確認画面が表示され、ワードで開くことができる（**図5**）。

PDFによっては正確に読み込めないこともあるので、必ず内容を確認し、適宜修正を行う。それでもイチから入力するよりずっと速く作業できるはずだ。ただし、著作権などには十分配慮し、必要に応じて出典などを明記するよう注意しよう。

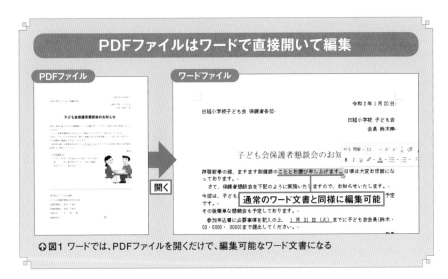

PDFファイルはワードで直接開いて編集

PDFファイル　　　　　ワードファイル

開く

通常のワード文書と同様に編集可能

⬆**図1** ワードでは、PDFファイルを開くだけで、編集可能なワード文書になる

ⓌPDFをワードで開く2つの方法

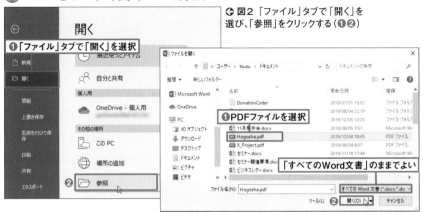

🔴 図2 「ファイル」タブで「開く」を選び、「参照」をクリックする（❶❷）

❶「ファイル」タブで「開く」を選択

❶PDFファイルを選択

「すべてのWord文書」のままでよい

🔴 図3 「ファイルを開く」ダイアログボックスではファイルの形式が「すべてのWord文書」となっているが、PDFファイルも表示されるので問題ない。PDFファイルを選択して「開く」をクリックする（❶❷）

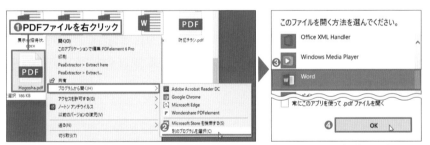

❶PDFファイルを右クリック

🔴 図4 エクスプローラーで読み込むPDFファイルを右クリックし、「プログラムから開く」→「別のプログラムを選択」から「Word」を選択する（❶〜❹）

🔴 図5 図3または図4の手順でPDFファイルを開くと確認画面が表示される。「OK」ボタンを押すと、PDFがワードファイルとして開く（❶❷）

❷ワードファイルとして開く

紙の書類をスキャンして
ワード文書に再利用

印刷した契約書は手元にあるのに、ワードのデータが見当たらないといった場合、以前なら入力し直すしかなかったが、今はよい方法がある。印刷物をスキャンしてPDFファイルとして保存するのだ。通常のPDFファイルは、見た目を画像として保存しているだけなので、テキスト情報が付いていない。しかし、文字認識（OCR）処理をすれば、画像からテキストを生成することが可能だ（**図1**）。専用のOCRアプリがなくても、ワードでPDFを開くだけで、編集可能なワード文書になる。

スキャナーで読み込む際には、解像度を「300dpi」程度に上げたほうが文字認識の際、正確に読み取れる。スキャン後のPDFファイルは、ワードで開くと同時にOCR機能により文字が認識され、編集可能なワード文書として開く（**図2～図4**）。一般的なフォントで作成された文字中心のモノクロ文書なら、ほぼ問題なく文字が認識される。テキストをコピーすれば別のアプリでも使える。一部、誤認識される文字列もあるので、ワードで開いた後は入念にチェックしよう。

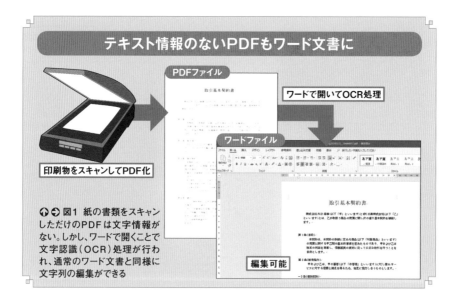

テキスト情報のないPDFもワード文書に

PDFファイル

ワードで開いてOCR処理

印刷物をスキャンしてPDF化

ワードファイル

編集可能

⬆➡ **図1** 紙の書類をスキャンしただけのPDFは文字情報がない。しかし、ワードで開くことで文字認識（OCR）処理が行われ、通常のワード文書と同様に文字列の編集ができる

Ⓦ テキスト情報のないPDFをワードで開く

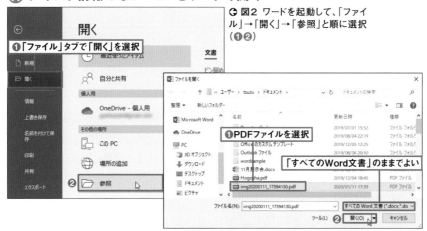

➡ 図2 ワードを起動して、「ファイル」→「開く」→「参照」と順に選択（❶❷）

❶「ファイル」タブで「開く」を選択
❷ 参照

❶PDFファイルを選択
「すべてのWord文書」のままでよい

⬆ 図3 ファイルの形式が「すべてのWord文書」となっているが、PDFファイルも表示されるので問題ない。目的のPDFファイルを選び、「開く」を押す（❶❷）

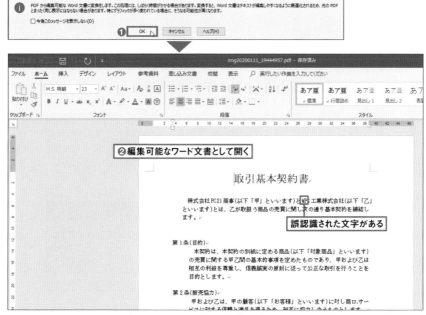

❷編集可能なワード文書として開く

取引基本契約書

株式会社PC21商事（以下「甲」といいます）と㉂工業株式会社（以下「乙」といいます）とは、乙が取扱う商品の売買に関し次の通り基本契約を締結します。

誤認識された文字がある

第1条（目的）
　本契約は、本契約の別紙に定める商品（以下「対象商品」といいます）の売買に関する甲乙間の基本的事項を定めたものであり、甲および乙は相互の利益を尊重し、信義誠実の原則に従って公正な取引を行うことを目的とします。

第2条（販売協力）
　甲および乙は、甲の顧客（以下「お客様」といいます）に対し商品・サービス

⬆ 図4 PDFファイルを開くと確認画面が表示されるので、「OK」ボタンを押す（❶）。OCR機能により文字が認識され、編集可能なワード文書として開く（❷）。誤認識されることもあるので、チェックして適宜修正する

全角の英数字を
半角に一括変換

　数字やアルファベットを全角で入力したものの、全体のバランスを考えると半角の
ほうがよかった。こんな場合、いちいち文字を半角で入力し直すのは面倒だ（**図1**）。
「文字種の変換」機能を使って、半角文字に一括変換しよう（**図2、図3**）。

　「文字種の変換」では、半角文字を全角文字に変えたり、英字の大文字を小文
字に変換するといったこともできる。ただし、カタカナや空白が交じっているとそれら
の文字も半角になってしまう（**図4**）。これを避けるには、半角にしたい文字列だけを
選択するか、次項の検索機能で英数字だけを選択するとよいだろう（**図5**）。

全角英数字をまとめて半角に変換

全角

●会員種別のご案内

会員種別	月会費	ご利用時間	特別割引会費
正会員	１２，６００円	１０：００〜２３：００	９，４５０円
平日会員	８，４００円	平日のみ１０：００〜１７：００	７，３５０円
	７，３５０円	平日のみ２０：００〜２３：００	６，３００円
ホリデー会員	８，４００円	週末のみ１０：００〜２３：００	７，３５０円

半角

●会員種別のご案内

会員種別	月会費	ご利用時間	特別割引会費
正会員	12,600 円	10:00~23:00	9,450 円
平日会員	8,400 円	平日のみ 10:00~17:00	7,350 円
	7,350 円	平日のみ 20:00~23:00	6,300 円
ホリデー会員	8,400 円	週末のみ 10:00~23:00	7,350 円

↑ **図1** 特に意図がない限り、英数字は半角文字で入力したほうがスッキリ見える。全角文字で入力
した英数字は「文字種の変換」機能で半角文字に変更できる

Ⓦ 選択範囲内の全角英数字を半角に変換

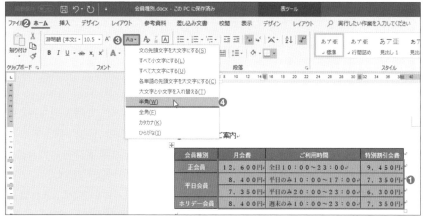

⤴図2 半角に変える範囲を選択する(❶)。「ホーム」タブの「文字種の変換」メニューから、変換の内容を指定する。ここでは全角を半角に変換するので「半角」を選ぶ(❷～❹)

○図3 選択範囲内にある全角の数字や記号が半角に変わる。表の場合はバランスが悪くなることがあるので、列幅などを整える

Ⓦ カタカナが含まれる場合は「Ctrl」キーで範囲選択

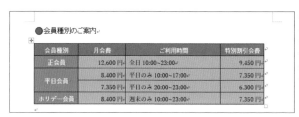

なお、60歳以上の方は、シルバー会員として「特別割引会費」が適用になります。正会員の場合、通常12,600円の会費が9,450円となります。シルバー会員へのお申し込みには、健康保険証など年齢を確認できる書類が必要

数字だけを半角にしたい

○図4 数字だけを半角にしたいと思っても、全体を選択して「文字種の変換」を行うと、カタカナ、記号、アルファベット、空白も半角に変わってしまう

なお、60歳以上の方は、ｼﾙﾊﾞｰ会員として「特別割引会費」が適用になります。正会員の場合、通常12,600円の会費が9,450円となりますｼﾙﾊﾞｰ会員へのお申し込みには、健康保険証など年齢を確認できる書類が必要ですのでご注意くだ

カタカナまで半角になった

なお、60歳以上の方は、シルバー会員として「特別割引会費」が適用になります。正会員の場合、通常12,600円の会費が9,450円となります。シルバー会員へのお申し込みには、健康保険証など年齢を確認できる書類が必要

❶最初の数字をドラッグで選択
❷以降の数字は「Ctrl」キーを押しながら選択

○図5 半角にしたい文字列の1つを選択し、2つめ以降は「Ctrl」キーを押しながら選択する(❶❷)。その後、「文字種の変換」で半角にすれば、数字のみを半角にできる(❸)

なお、60歳以上の方は、シルバー会員として「特別割引会費」が適用になります。正会員の場合、通常12,600円の会費が9,450円となります。シルバー会員へのお申し込みには、健康保険証など年齢を確認できる書類が必

❸選択していた文字だけが半角になった

検索・置換を使いこなして
文字や書式を一括変換

**10分
時短**

　せっかくパンフレットを作ったのに、商品名や用語が変更になって何箇所も書き換えが必要になるのはよくあること。特定の語句を置き換える場合、目視で探して手作業で修正すると、手間がかかるだけでなく見逃す危険もある。簡単に文字列を置き換え、見逃す心配がない「置換」機能を使うのは、ワードを使う人の常識だ。

　ただし、置換を単に文字列を置き換えるだけの機能だと思っているなら、それは間違い。置換機能を使いこなせば、文書編集の効率は格段にアップする（**図1**）。

置換でできる3種類の一括変換

書式を一括変換

□文書作成やデータ集計、図・グラフ作成など、ビジネスで欠かせない Word、PowerPoint など、ビジネスに必須の PC スキルを身に化に役立ち、クオリティもアップ！

□毎週水曜日、定時間退社後の 2 時間を有意義に使うチャンスい、業務に応じたサンプルを実際に作成しながら、さまざまな

□文書作成やデータ集計、図・グラフ作成など、ビジネスで Excel、Word、PowerPoint など、ビジネスに必須の PC スキルの効率化に役立ち、クオリティもアップ！

□毎週水曜日、定時間退社後の 2 時間を有意義に使うチャンい、業務に応じたサンプルを実際に作成しながら、さまざま

数字だけを半角に一括変換

□毎週水曜日、定時間退社後の 2 時間を有意義に使うチャンい、業務に応じたサンプルを実際に作成しながら、さまざま参加費は 1 回 1 ０ ０ ０ 円で、都合のよいときに参加できます。

□お申し込みは総務部（内線 1 ０ 2 ）「PCスキルアップ講ます。前日まで申し込みやキャンセルが可能です。

□毎週水曜日、定時間退社後の 2 時間を有意義に使うチャンを使い、業務に応じたサンプルを実際に作成しながら、さまます。参加費は 1 回 1000 円で、都合のよいときに参加でき

□お申し込みは総務部（内線 102）「パソコンスキルアップします。前日まで申し込みやキャンセルが可能です。

ワイルドカードで条件に合う文字列を一括変換

開催日時　第 1 回 5 月 13 日、第 2 回 5 月 27 日、第 3 回
第 4 回 6 月 10 日、第 5 回 6 月 17 日、第 6 回
第 7 回 7 月 8 日、第 8 回 7 月 15 日、第 9 回 7
第 10 回 8 月 12 日

記

開催日時→第 1 回 5 月 13 日、第 2 回 5 月 27 日、第 3 回
→第 4 回 6 月 10 日、第 5 回 6 月 17 日、第 6 回
→第 7 回 7 月 8 日、第 8 回 7 月 15 日、第 9 回
→第 10 回 8 月 12 日

↑図1 置換を利用すると、文字列を置き換えるだけでなく、さまざまな変換ができる。設定した書式を別の書式に変更する、数字だけをピックアップして半角にする、「第○回」を太字にする、2個以上の空白をタブ文字に置き換えるといった例で、置換の使い方を紹介していこう

文字列だけでなく書式の置換もできる

　まずは基本的な置換方法を確認する。検索や置換は「ホーム」タブのボタンから実行するのが基本だが、置換なら「Ctrl」+「H」キーで簡単にダイアログボックスを開ける（図2）。「検索する文字列」と「置換後の文字列」を入力して置換すれば、検索条件に合う文字列が置き換わる。ただし、初期設定では「あいまい検索」がオンになっており、「PC」を「パソコン」に置換する場合、「Pc」も「pc」も含まれてしまう。「PC」のみ置換するなら「オプション」を開き、設定を確認してから置換しよう（図3〜図5）。

　文字列ではなく、書式の置換も可能だ。重要語句に下線を引いたものの、印刷してみたら思ったほど目立たず、「やっぱり文字色を変えよう」などと思うことは多い。設定した書式を1つずつ設定し直すのは面倒だ。置換機能を使って、一気に変更しよう。検索する書式と置き換える書式を指定し、「すべて置換」をクリックする（次ページ図6、図7）。「検索する文字列」に何も入力しなければ、書式のみを変更できる。同様の方法で、フォントやスタイル（118ページ）の変更も可能だ。

Ⓦ 置換は「Ctrl」+「H」キーで起動

⚫ 図2　置換したい文字列を含む文書を開き、「ホーム」タブの「置換」を選ぶか、「Ctrl」+「H」キーを押す

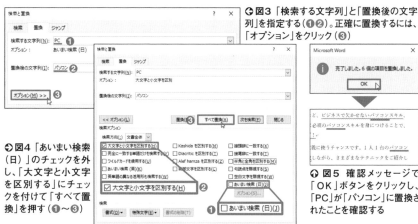

⚫ 図3　「検索する文字列」と「置換後の文字列」を指定する（❶❷）。正確に置換するには、「オプション」をクリック（❸）

⚫ 図4　「あいまい検索（日）」のチェックを外し、「大文字と小文字を区別する」にチェックを付けて「すべて置換」を押す（❶〜❸）

⚫ 図5　確認メッセージで「OK」ボタンをクリックし、「PC」が「パソコン」に置換されたことを確認する

ⓦ 「検索する文字列」の書式を指定

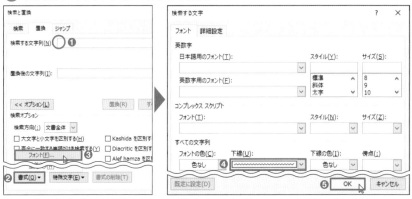

⤴図6 「Ctrl」＋「H」キーで置換を起動する。「検索する文字列」にカーソルを移動し、「書式」メニューから「フォント」を選ぶ（❶～❸）。ここでは波線の下線が付いた文字を置換したいので、「下線」を指定し、「OK」ボタンをクリックする（❹❺）

ⓦ 「置換後の文字列」に変更後の書式を指定

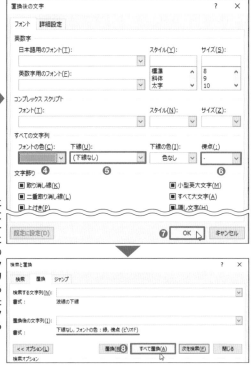

⤴⤵図7 「検索する文字列」の「書式」に設定した内容が表示される。「置換後の文字列」にカーソルを移動し、「書式」メニューから「フォント」を選ぶ（❶～❸）。置換時に新しく設定する書式（フォントの色や下線の有無、傍点など）を指定し、「OK」ボタンをクリックする（❹～❼）。置換前の書式を取り消す設定を同時にするのがポイントだ。すると「置換後の文字列」の「書式」に設定した内容が表示される。「すべて置換」をクリックすると、該当する文字列の書式が置き換わる（❽）

「特殊文字」で数字を検索

検索条件に「特殊文字」を使うと、検索や置換はさらに便利になる。特殊文字は段落記号やタブ文字などの特殊な記号を入力するための機能。特殊文字の「任意の数字」を使えば、文書中の数字をすべて検索するといったこともできる（**図8**）。数字であれば全角か半角かは問わない。検索後、前項で紹介した「文字種の変換」機能を使えば、数字を全角や半角に統一するのも簡単だ（**図9**、**図10**）。

Ⓦ 特殊文字を使って数字を半角に統一

⤵**図8**「ホーム」タブにある「検索」ボタン右の▼をクリックし、「高度な検索」を選択する（❶〜❸）。「検索する文字列」にカーソルを移動して「特殊文字」をクリックし、「任意の数字」を選択する（❹〜❻）。前回検索した書式などが残っている場合は「書式の削除」で削除する（❼）。文書中のすべての数字を選択したいので、「検索する場所」を「メイン文書」に指定すると検索が始まる（❽❾）

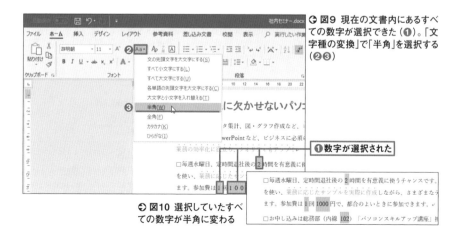

⤴**図9** 現在の文書内にあるすべての数字が選択できた（❶）。「文字種の変換」で「半角」を選択する（❷❸）

⤴**図10** 選択していたすべての数字が半角に変わる

検索条件の自由度を広げる「ワイルドカード」

　検索や置換では、「ワイルドカード」という機能が使える。ワイルドカードは条件を指定するための特殊な記号。「?」は「任意の1文字」を示す。「セ?ト」で検索すれば、「セット」や「セント」のように、「セ」と「ト」の間に1文字入る文字列を検索できる。文字数が1文字とは限らない場合、「?」ではなく「*」にして「セ*ト」で検索すれば「セメント」や「セグメント」も含めて検索できる。

　文書中の「第○回」（○は任意の文字）を検索して太字にする例で考えてみよう。前ページで紹介した特殊文字を使って検索すると、「第10回」のような2桁以上の数字が検索できない。そこで、ワイルドカードを使って「第*回」で検索すれば、「第1回」も「第100回」も検索することができる（**図11、図12**）。

Ⓦ ワイルドカードで「第○回」を太字に置換

⬆**図11** 「Ctrl」＋「H」キーで置換の設定画面を表示させる。「ワイルドカードを使用する」にチェックを付けてから、「検索する文字列」欄に「第*回」（「*」は半角）と入力（❶❷）。「置換後の文字列」欄をクリックし、「書式」から「フォント」を選択して、「太字」を指定する（❸〜❼）

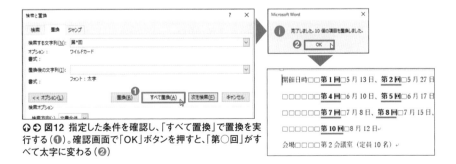

⬆⬅ **図12** 指定した条件を確認し、「すべて置換」で置換を実行する（❶）。確認画面で「OK」ボタンを押すと、「第○回」がすべて太字に変わる（❷）

ワイルドカードと特殊文字の合わせ技で連続する空白をタブに置換

　無用な空白やタブが入っている文書を見たことはないだろうか。空白で文字の頭揃えをしているような場合、文字数が変わるとレイアウトが崩れるなど面倒なことが多い。位置揃えに使っている空白はタブに置き換えたいが、すべての空白を置換すると、必要な空白までタブに置き換えてしまう危険性がある。ワイルドカードと特殊文字を組み合わせて、2個以上続く空白だけをタブに置換してみよう。

　「検索する文字列」に空白を入力したら、検索オプションで「ワイルドカードを使用する」をオンにして特殊文字から「繰り返し回数」を入力する（図13）。繰り返しの回数を「2」にすれば、2個以上続く空白を置換できる（図14）。

　特殊文字やワイルドカードを利用するとかなり高度な置換が可能になる。ほかにも使える記号がたくさんあるので、興味があれば調べてみるとよいだろう。

Ⓦ 2個以上連続する空白をタブ文字に置換

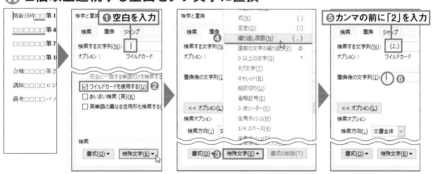

↟ 図13 「Ctrl」＋「H」キーで置換の設定画面を表示させる。「検索する文字列」欄に空白を入力し、「ワイルドカードを使用する」にチェックを付ける（❶❷）。「特殊文字」から「繰り返し回数」を選択すると、空白に続いて「{ , }」が表示される（❸❹）。2個以上の空白を検索したいので、「{ , }」のカンマの前に「2」を入力し、「置換後の文字列」欄をクリックする（❺❻）

↟↟ 図14 「特殊文字」から「タブ文字」を選択する（❶❷）。「すべて置換」をクリックすると、連続する空白だけがタブに置き換わる（❸❹）

頻繁に使う定型文書は テンプレートから簡単に作成

**3分
時短**

　報告書や案内状など、仕事で作成する文書には同じフォーマットを使う定型文書が多い。定型文書を作成するたびにイチから作っている人はいないと思うが、前回作成したファイルを探し、前回の内容を消して書き換えているようでは効率が悪く、間違って上書保存してしまう危険もある。頻繁に使う定型フォームは、「テンプレート」として保存しておくのが一番だ。次回、テンプレートを開くと自動的に新規文書として表示されるので、テンプレートを上書きする心配がない（**図1**）。テンプレートとして保存する文書は、毎回書き換えが必要な部分を「＊」などの記号に置き換えておくと、次回使うときにわかりやすい。

　テンプレートに保存するには、「名前を付けて保存」を選択し、「ファイルの種類」を「Wordテンプレート」に変更してからファイルを保存すればよい（**図2、図3**）。初期設定では、テンプレートの保存先が「ドキュメント」フォルダー内にある「Officeのカスタムテンプレート」フォルダーと決まっている。保存したテンプレートファイルを開くと、新規文書として表示される（**図4、図5**）。

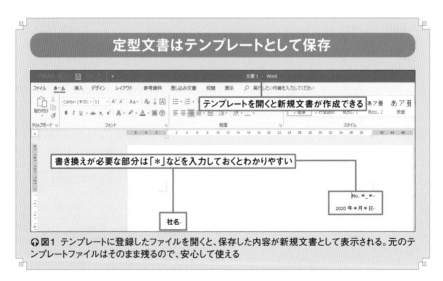

定型文書はテンプレートとして保存

テンプレートを開くと新規文書が作成できる

書き換えが必要な部分は「＊」などを入力しておくとわかりやすい

No. ＊_＊
2020 年＊月＊日＊

社名＊

◆図1 テンプレートに登録したファイルを開くと、保存した内容が新規文書として表示される。元のテンプレートファイルはそのまま残るので、安心して使える

Ⓦ ワード文書をテンプレートとして保存

● 図2 定型文書として使えそうな ファイルを開き、必要な修正をして から「ファイル」タブを選択する (❶❷)

❶テンプレートにしたい文書を作成

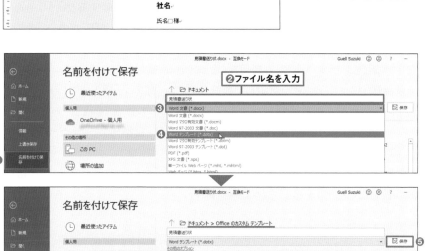

❷ファイル名を入力

⬆ 図3 「名前を付けて保存」を選択(❶)。ファイル名を付けて、「ファイルの種類」で「Wordテンプレート」を 選択(❷～❹)。「保存」をクリックすると、テンプレートとして保存できる(❺)

Ⓦ テンプレートから文書を作成

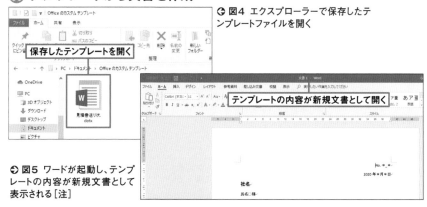

● 図4 エクスプローラーで保存したテ ンプレートファイルを開く

保存したテンプレートを開く

テンプレートの内容が新規文書として開く

● 図5 ワードが起動し、テンプ レートの内容が新規文書として 表示される[注]

[注]テンプレート自体を修正する場合は、ワードの「ファイルを開く」ダイアログボックスから テンプレートファイルを開き、修正した後で上書き保存する

71

図表も書式もOK
定型文はクイックパーツに登録

3分
時短

文書を作成するたびに入力する社名や住所のように、ビジネス文書ではよく使う定型文がある。文字だけなら、日本語入力ソフトの辞書に登録するという手もあるが、登録できる文字数は60文字以内、書式も指定できないなど制限が多い。そこで利用したいのが、「クイックパーツ」だ。会社のロゴが入ったヘッダーや、書式付きの文字列などもクイックパーツなら問題なく登録できる（**図1**）。

登録したい文字列などを選択して登録を始める（**図2**）。「挿入」タブの「クイックパーツの表示」で「選択範囲をクイックパーツギャラリーに保存」を選択。クイックパーツのタイトルを入力して、文書内で使うパーツであれば「定型句」ギャラリーに保存する（**図3**）。

登録したクイックパーツを使うには、「挿入」タブの「クイックパーツの表示」を選択して、使いたいパーツを選択すればよい（**図4**）。

クイックパーツなら画像も含めて簡単入力

⬆ **図1** クイックパーツには、文字数が多くても、書式が設定されていても、画像や表が入っていても登録可能。「クイックパーツの表示」ボタンから簡単に挿入できる

Ⓦ 定型文をクイックパーツに登録

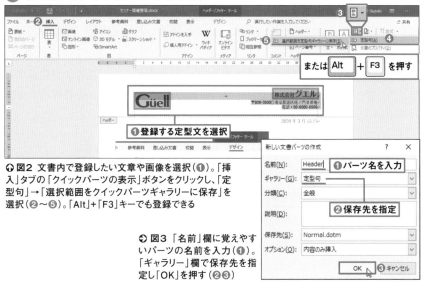

➡ 図2 文書内で登録したい文章や画像を選択（❶）。「挿入」タブの「クイックパーツの表示」ボタンをクリックし、「定型句」→「選択範囲をクイックパーツギャラリーに保存」を選択（❷〜❺）。「Alt」+「F3」キーでも登録できる

➡ 図3 「名前」欄に覚えやすいパーツの名前を入力（❶）。「ギャラリー」欄で保存先を指定し「OK」を押す（❷❸）

Ⓦ 登録したクイックパーツを文書内に挿入する

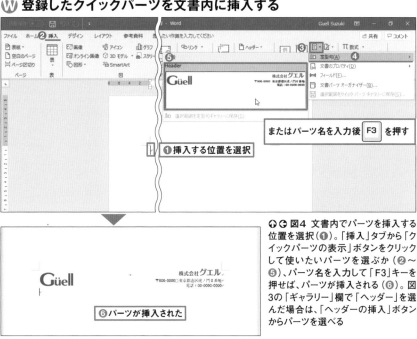

➡➡ 図4 文書内でパーツを挿入する位置を選択（❶）。「挿入」タブから「クイックパーツの表示」ボタンをクリックして使いたいパーツを選ぶか（❷〜❺）、パーツ名を入力して「F3」キーを押せば、パーツが挿入される（❻）。図3の「ギャラリー」欄で「ヘッダー」を選んだ場合は、「ヘッダーの挿入」ボタンからパーツを選べる

図3では「定型句」のクイックパーツとして登録したが、「ギャラリー」で「ヘッダー」を選べば、ヘッダー専用のパーツとして保存することも可能だ（**図5**）。ヘッダーに登録したパーツは、「挿入」タブの「ヘッダー」から挿入でき、自動的に文書のヘッダーに配置される。

　登録したクイックパーツを修正する場合は、正しい定型文を同じ名前で登録することで上書きするとよい。不要なパーツの整理など、クイックパーツの管理は「文書パーツオーガナイザー」で行う（**図6**）。

Ⓦ ヘッダー用のクイックパーツに登録

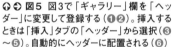

⬆➡ **図5** 図3で「ギャラリー」欄を「ヘッダー」に変更して登録する（❶❷）。挿入するときは「挿入」タブの「ヘッダー」から選択（❸～❺）。自動的にヘッダーに配置される（❻）

Ⓦ クイックパーツの削除はオーガナイザーから

⬆➡ **図6** 「挿入」タブの「クイックパーツの表示」ボタンから「文書パーツオーガナイザー」を選択（❶❷）。削除するパーツを選んで「削除」を押す（❸❹）

第3章

コピペを極めれば
編集が超速に

入力済みのデータを効率良く流用するのが時短への近道。コピー・アンド・ペーストには、ショートカットキーなど複数の方法が用意されているので、状況やコピーする対象に応じて最適な方法を選びたい。カーソルの移動や文字列の選択方法についても説明する。

- ●コピー対象を手際良く選択する
- ●ショートカットキーで効率良くコピペ
- ●「形式」の選択で貼り付け後の手間を省く
- ●エクセルやウェブデータから完璧にコピペ　ほか

Word

コピペの手際は "範囲選択"で決まる

　コピーしたり移動したりするには、まず対象の文字列を選択しなくてはならない。素早く的確に文字列を選択できないと作業がはかどらず、無駄な時間がかかってしまう。そこでコピーの話をする前に、文字列の選択方法から見直していこう。

　文字列の選択といえば、基本はドラッグだ。ドラッグするときには、始点から終点までを直線で結ぶように最短距離でカーソルを動かすと、素早く選択できる（**図1**）。

　「ドラッグするだけ」というと簡単そうだが、マウスが思うように動かず間違った範囲を選択すればやり直しだ。選択範囲が広いと、ドラッグの途中でスクロールが必要になったりもする。ノートパソコンのタッチパッドを使っているなら、操作はなお難しい。そこで使いたいのが、クリック操作による選択だ。

　具体的には、範囲の開始点でクリックし、終了点で「Shift」キーを押しながらクリックする（**図2**）。選択範囲が広い場合、ドラッグ中にスクロールするのは大変だが、クリックを使えば簡単に選択できる。また、終点の位置を間違えた場合、再度「Shift」キーを押しながら正しい位置をクリックすれば、終点だけを変更できるのも便利だ。

　日本語の編集では、単語や文章などの単位で選択することが多い。単語を選択するなら、ダブルクリックするだけで選択できる（**図3**）。文単位で選択するなら、「Ctrl」キーを押しながらクリックすると楽だ。段落記号を含めた段落全体を選択するならトリプルクリック（3回クリック）すればよい。このように、クリックでの範囲選択は、回数や組み合わせるキー次第で選択できる範囲が変わる。

ドラッグでの文字選択は最短距離で

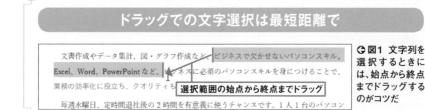

●図1 文字列を選択するときには、始点から終点までドラッグするのがコツだ

始点でクリック、終点で「Shift」キー＋クリック

文書作成やデータ集計、図・グラフ作成など、ビジネスで欠かせないパソコンスキル。
Excel、Word、PowerPointなど、ビジネスに必須のパソコンスキルを身につけることで、

❶始点をクリック

▼

文書作成やデータ集計、図・グラフ作成など、ビジネスで欠かせないパソコンスキル。
Excel、Word、PowerPointなど、ビジネスに必須のパソコンスキルを身につけることで、
業務の効率化に役立ち、クオリティもアップ！

❷終点を Shift ＋クリック

▼

文書作成やデータ集計、図・グラフ作成など、ビジネスで欠かせないパソコンスキル。
Excel、Word、PowerPointなど、ビジネスに必須のパソコンスキルを身につけることで、
業務の効率化に役立ち、クオリティもアップ！

❸間の文字列が選択される

⬆図2 まず、選択したい範囲の始点をクリック（❶）。続いて終点を「Shift」キーを押しながらクリックすれば、始点から終点までの文字列を選択できる（❷❸）。終点がズレた場合は、再度「Shift」キーを押しながらクリックすれば、終点だけを修正できる。また、スクロールが必要な場合は❶の後でスクロールすれば問題ない

単語、文、段落をクリックで選択

業務の効率化に役立ち、クオリティもアップ！

　毎週水曜日、定時間退社後の2時間を有意義に使うチャンスです。1人1台のパソコンを使い、業務に応じたサンプルを実際に作成しながら、さまざまなテクニックをご紹介します。参加費は1回1000円で、都合のよいときに参加できます。

　お申し込みは総務部（内線 102）「パソコンスキルアップ講座」担当の鈴木までお願い

カーソルを合わせる

🔄図3 選択したい文字列にカーソルを合わせる。ダブルクリックで単語、「Ctrl」＋クリックで文、トリプルクリックで段落を選択できる

ダブルクリック

単語を選択
　毎週水曜日、定時間退社後の2時間を有意義に使うチャンスです。1人1台のパソコンを使い、業務に応じたサンプルを実際に作成しながら、さまざまなテクニックをご紹介します。参加費は1回1000円で、都合のよいときに参加できます。

 Ctrl ＋クリック

文を選択
　毎週水曜日、定時間退社後の2時間を有意義に使うチャンスです。1人1台のパソコンを使い、業務に応じたサンプルを実際に作成しながら、さまざまなテクニックをご紹介します。参加費は1回1000円で、都合のよいときに参加できます。

トリプルクリック

段落を選択
業務の効率化に役立ち、クオリティもアップ！
　毎週水曜日、定時間退社後の2時間を有意義に使うチャンスです。1人1台のパソコンを使い、業務に応じたサンプルを実際に作成しながら、さまざまなテクニックをご紹介します。参加費は1回1000円で、都合のよいときに参加できます。

　お申し込みは総務部（内線 102）「パソコンスキルアップ講座」担当の鈴木までお願い

行、段落の選択は左余白でクリック

　行単位で選択する場合、文字列ではなく、文字の左側にある余白をクリックする（**図4**）。マウスポインターを左余白に移動し、ポインターが右上向きの矢印に変わったところでクリックするのがコツ。複数行を選択する場合は、左余白をドラッグすると簡単だ（**図5**）。

　段落単位で選択する場合は、左余白をダブルクリック（**図6**）。文書の全文を選択するなら、左余白をトリプルクリックするか、「Ctrl」キーを押しながらクリックする。

Ⓦ 行単位の選択は左余白でクリックまたはドラッグ

❶選択する行の左余白でクリック　❷1行選択できた

⤴**図4** 左側の余白をクリックすると、1行分の文字列を選択できる（❶❷）

❶選択する行の左余白でドラッグ　❷複数行選択できた

⤴**図5** 左側の余白でドラッグすると、複数の行をまとめて選択できる（❶❷）

Ⓦ 左余白のダブルクリックで段落、トリプルクリックで全文選択

左余白にカーソルを合わせる

⤵⤴ **図6** 左余白でダブルクリックすると1段落、トリプルクリックか「Ctrl」＋クリックで全文を選択できる

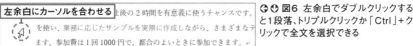

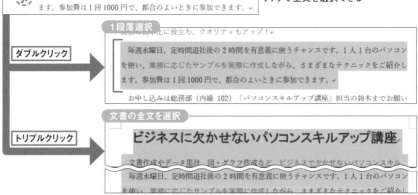

1段落選択

ダブルクリック

文書の全文を選択

トリプルクリック

ドラッグとキーの組み合わせで思い通りに選択

　ここまでは連続する文字列の選択方法を見てきたが、選択範囲が飛び飛びの場合でも選択する方法がある。離れた場所にある文字列をまとめて選択できれば、書式などの変更を一度で済ますことができ、編集作業が楽になるはずだ。

　離れた場所にある文字列を選択する場合、ドラッグで最初の範囲を選択し、2番目以降は「Ctrl」キーを押しながらドラッグする（**図7**）。

　長方形に並んだ文字列は「Alt」キーを押しながらドラッグすることで選択できる（**図8**）。箇条書きの番号だけ太字にしたいといった場合、1カ所ずつ変更するのは面倒だが、この方法で選択すればまとめて変更できる。

Ⓦ 「Ctrl」キーの併用で離れた文字列を選択

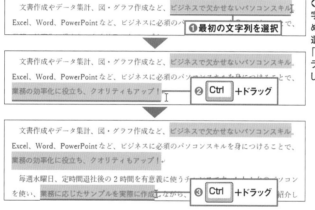

◖**図7** 離れた位置にある文字列を選ぶときは、まず1つめの文字列をドラッグなどで選ぶ（❶）。それ以降は、「Ctrl」キーを押しながらドラッグなどで文字列を選択していく（❷❸）

Ⓦ 「Alt」キーの併用で長方形の範囲内にある文字列を選択

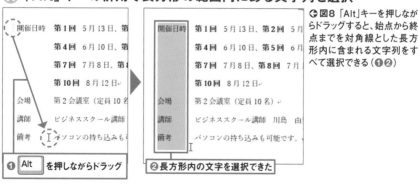

◖**図8** 「Alt」キーを押しながらドラッグすると、始点から終点までを対角線とした長方形内に含まれる文字列をすべて選択できる（❶❷）

Section 02 文字選択の自由度アップ マウスを使わない選択術

　マウスを使った操作は直感的でわかりやすいが、キーボードから手が離れるため効率が悪い。ノートパソコンのタッチパッドであればなおのこと操作しづらい。文字列の選択は、キーでもできる。操作している状況に応じて、使いやすい操作方法を選択するのが時短のコツ。マウスでは難しい範囲選択が簡単にできるショートカットキーもあるので覚えておくと時短に効果的だ。

　キーで範囲選択するには、「Shift」キーを押しながら選択したい方向のカーソルキーを押す。「Shift」+「→」キーを3回押せば、右側の3文字を選択できる（図1）。複数行を選択するなら「↓」キーを使えばよいし、「→」キーを押しすぎたら「←」キーで範囲を狭めることもできる（図2）。小さい文字を1文字だけ選択するといった細かい作業も、キー操作なら楽勝だ。

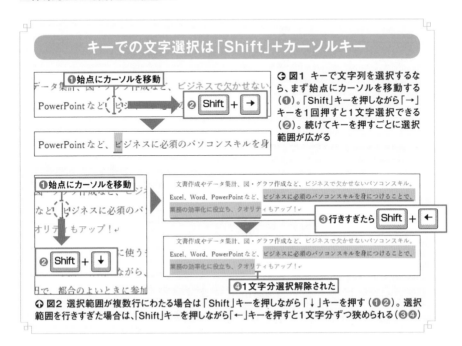

キーでの文字選択は「Shift」＋カーソルキー

❶始点にカーソルを移動

❷ Shift ＋ →

◆ 図1　キーで文字列を選択するなら、まず始点にカーソルを移動する（❶）。「Shift」キーを押しながら「→」キーを1回押すと1文字選択できる（❷）。続けてキーを押すごとに選択範囲が広がる

PowerPoint など、ビジネスに必須のパソコンスキルを身

❶始点にカーソルを移動

❷ Shift ＋ ↓

❸行きすぎたら Shift ＋ ←

❹1文字分選択解除された

⬆ 図2　選択範囲が複数行にわたる場合は「Shift」キーを押しながら「↓」キーを押す（❶❷）。選択範囲を行きすぎた場合は、「Shift」キーを押しながら「←」キーを押すと1文字分ずつ狭められる（❸❹）

キー操作で始点までカーソル移動

キーを使った文字選択は、始点にカーソルを移動することから始まる。カーソルはクリックで移動しても構わないが、せっかくならカーソルを自在に移動するショートカットキーを覚えておくと、キーだけで文字を選択することができる。

1文字分右にカーソルを移動するなら「→」キー、1行分下に移動するなら「↓」キーを押すという基本的な操作以外に、「Ctrl」+「→」キーで1単語分右に移動するなど、移動に使えるショートカットがある（**図3、図4**）。

長い文書を扱う機会が多いなら、ページの移動や前後の画面への移動に使えるショートカットキーを覚えておくと時短になりそうだ（**図5**）。

Ⓦ 単語単位、段落単位にカーソルを移動

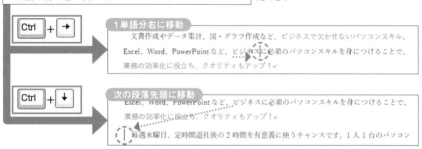

↩↩ **図3** 「Ctrl」キーを押しながら「→」キーを押せば1単語分カーソルが移動する。「Ctrl」キーを押しながら「↓」キーを押せば、カーソルは次の段落の最初まで移動できる

Ⓦ 「Home」で行頭、「End」で行末に移動

↩ **図4** 「Home」キーなら行頭、「End」キーなら行末にカーソルが移動する

Ⓦ 長文の編集を助けるカーソル移動キー

カーソルの移動先	ショートカットキー	カーソルの移動先	ショートカットキー
文書の先頭	Ctrl + Home	文書の末尾	Ctrl + End
1画面分上	Page Up	1画面分下	Page Down
次ページの先頭（次を検索）	Ctrl + Page Down	前ページの先頭（前を検索）	Ctrl + Page Up

↩ **図5** カーソルキーを大きく動かしたいときに便利なショートカットキーも覚えておくと便利だ［注］

［注］ノートパソコンなどでは、「Home」「End」「Page Up」「Page Down」の各キーが「Fn」キーと同時に押さないと機能しない場合がある

「Shift」と組み合わせれば一発で範囲選択

　前ページで紹介したカーソル移動のショートカットキーは、「Shift」キーとの組み合わせでさらに威力を発揮する。「Shift」を組み合わせると、現在のカーソル位置から移動先までの範囲にある文字列を、一発で選択できるのだ。

　単語を選択するなら、「Shift」+「Ctrl」+「→」キーを押す（**図6**）。カーソル位置から行末までを選択するなら「Shift」+「End」キー、段落終わりまで選択するなら「Shift」+「Ctrl」+「↓」キーを押せば瞬時に選択できる。長文を編集しているなら、文書の最後まで選択する「Shift」+「Ctrl」+「End」キーも役立ちそうだ。そのほか、文書全体を選択する「Ctrl」+「A」キーも覚えておこう。

Ⓦ 「ここから最後まで」はキーを使って一瞬で選択

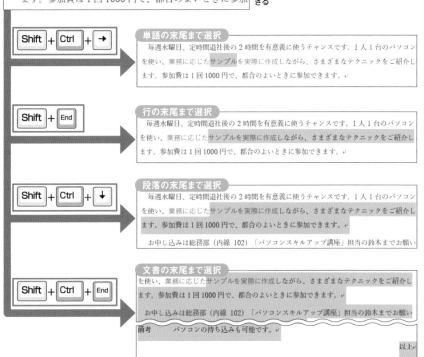

⬅⬆図6　「Shift」+「Ctrl」+「→」キーで単語、「Shift」+「End」キーで行、「Shift」+「Ctrl」+「↓」キーで段落、「Shift」+「Ctrl」+「End」キーで文書の末尾までを選択できる

選択専用の「拡張選択モード」を有効活用

キーを使って文字列を選択する場合、終点を選択するまで「Shift」+カーソルキーを押し続けなくてはならない。ショートカットキーは便利だが、少々覚えづらいのが難点だ。単語や段落などを簡単に選択したいが、多くのショートカットキーを覚えたくないなら、「拡張選択モード」を利用するという手がある。

選択したい範囲のどこかにカーソルを移動したら、「F8」キーを押す。画面上、特に変化はないが、「拡張選択モード」と呼ばれる特殊なモードに切り替わる。このモードに入ると、カーソルキーを押すだけで範囲選択ができる。また、再度「F8」キーを押すたびに、単語、文、段落、全文の順に範囲の選択が可能だ（**図7**）。

範囲を選択し終えたら、「Esc」キーを押して拡張選択モードを終了する。

Ｗ 「拡張選択モード」なら「F8」キーだけで範囲選択

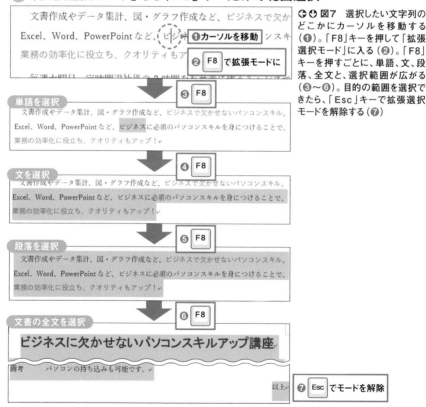

●●**図7** 選択したい文字列のどこかにカーソルを移動する（❶）。「F8」キーを押して「拡張選択モード」に入る（❷）。「F8」キーを押すごとに、単語、文、段落、全文と、選択範囲が広がる（❸〜❻）。目的の範囲を選択できたら、「Esc」キーで拡張選択モードを解除する（❼）

コピーや移動は
ドラッグよりキー操作で

3分
時短

　いったん入力したデータは、できるだけ流用するのが時短の王道。コピー・アンド・ペーストの操作に手間取って時短の効果が薄れないよう、操作方法を見直そう。

　コピー、切り取り、貼り付けはリボンのボタンから実行できる。しかし、コピー元を選択して「コピー」ボタンをクリックし、移動先を選択して「貼り付け」ボタンをクリックするという手順は、マウスの移動距離が大きく非効率。ドラッグやショートカットキーでも可能な操作なので、状況に応じて効率の良い方法を使い分けられると効率が上がる。

　文字列はドラッグするだけで移動できる（**図1**）。コピーなら、「Ctrl」キーを押しながらドラッグすればよい（**図2**）。狭い範囲内での移動やコピーであれば、ドラッグを使うのも悪くない。ただし、時短を目指すなら、基本はショートカットキーだ。

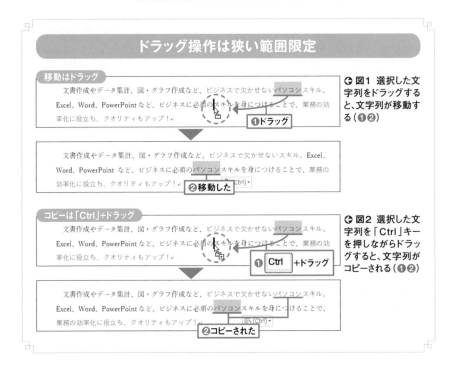

ドラッグ操作は狭い範囲限定

移動はドラッグ

文書作成やデータ集計、図・グラフ作成など、ビジネスで欠かせないパソコンスキル。Excel、Word、PowerPoint など、ビジネスに必須のスキルを身につけることで、業務の効率化に役立ち、クオリティもアップ！

❶ドラッグ

文書作成やデータ集計、図・グラフ作成など、ビジネスで欠かせないスキル。Excel、Word、PowerPoint など、ビジネスに必須のパソコンスキルを身につけることで、業務の効率化に役立ち、クオリティもアップ！

❷移動した

◑ **図1** 選択した文字列をドラッグすると、文字列が移動する（❶❷）

コピーは「Ctrl」+ドラッグ

文書作成やデータ集計、図・グラフ作成など、ビジネスで欠かせないパソコンスキル。Excel、Word、PowerPoint など、ビジネスに必須のスキルを身につけることで、業務の効率化に役立ち、クオリティもアップ！

❶ Ctrl +ドラッグ

文書作成やデータ集計、図・グラフ作成など、ビジネスで欠かせないパソコンスキル。Excel、Word、PowerPoint など、ビジネスに必須のパソコンスキルを身につけることで、業務の効率化に役立ち、クオリティもアップ！

❷コピーされた

◑ **図2** 選択した文字列を「Ctrl」キーを押しながらドラッグすると、文字列がコピーされる（❶❷）

ショートカットキーなら離れた場所でも問題なし

コピーは「Ctrl」+「C」キー、切り取りは「Ctrl」+「X」キー、貼り付けは「Ctrl」+「V」キーが、コピーと移動のショートカットキーであり、すでに使っている人も多いはずだ。時短の観点から見て、ショートカットキーを勧める理由は2つある。

貼り付け先が近ければドラッグでもミスは少ない。しかし、貼り付け先が離れていたり、別の文書だったりすると、ドラッグコピーでは「別のウインドウに貼り付けちゃった」といったミスが起こりがち。ショートカットキーなら、画面をスクロールしたり切り替えたりしても問題なく作業できる（図3）。

🅦 離れた場所でもショートカットキーなら簡単コピペ

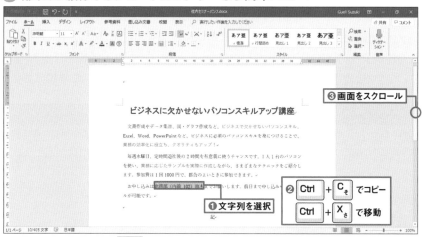

❸画面をスクロール

❶文字列を選択

❷ Ctrl + Cそ でコピー
Ctrl + Xさ で移動

❹貼り付け先を選択

❺ Ctrl + Vひ

❻貼り付け完了

⬆️⬇️図3 対象となる文字列を選択し、コピーなら「Ctrl」+「C」キー、移動は「Ctrl」キーと「X」キーを押す（❶❷）。そのままスクロールバーで貼り付けたい場所まで画面を移動（❸）。目的の位置にカーソルを置き、「Ctrl」+「V」キーで貼り付ける（❹〜❻）

確かにドラッグより確実だ

「Officeクリップボード」で複数アイテムをまとめてコピー

　ショートカットキーを勧めるもう1つの理由は、クリップボードにある。ショートカットキーなどを使った通常の切り取り／コピーの操作では、データがクリップボードと呼ばれる特殊な記憶領域に残るため、連続して貼り付けられる。一方、ドラッグ操作の場合はクリップボードに残らないため、その都度同じ操作が必要であり、後からもう一度貼り付けるといったことはできない。

　標準のクリップボードに記憶できるのは最新のアイテム1つだけ。新しいデータを書き込むと古いデータは上書きされてしまう。しかし、ワードやエクセルなどのオフィスソフトでは、最大24個までのアイテムを記憶可能な「Officeクリップボード」が使える。これを利用していれば、必要なデータをコピーしたのに、貼り付ける前にうっかり別のデータをコピーしてやり直し、といったミスの心配はない。複数のアイテムをコピーしてペタペタと貼り付けられるので、データ流用にもってこいだ。

　Officeクリップボードを利用するには、「ホーム」タブの「クリップボード」ボタンをクリック。すると画面の左側に「クリップボード」ウインドウが開く(**図4**)。この状態で切り

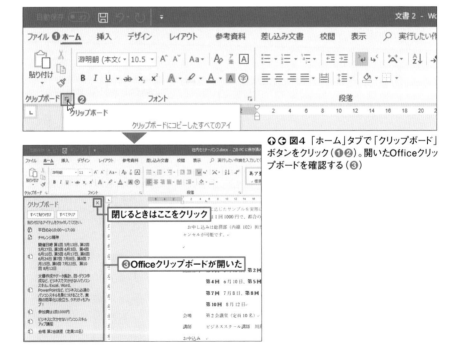

○●図4 「ホーム」タブで「クリップボード」ボタンをクリック(❶❷)。開いたOfficeクリップボードを確認する(❸)

取り／コピーを実行するとデータがたまっていくので、必要なデータを選んでクリックし、貼り付ければよい（**図5**）。

Officeクリップボードの起動中は、オフィスソフト以外のデータも、自動的にOfficeクリップボードに保存される。24個を超えると、古いデータが順次削除される。コピペしたいデータが多い場合は、Officeクリップボード内の不要なデータを図5上の画面で削除しておくとよいだろう。

Officeクリップボードを頻繁に使う場合は、「オプション」をクリックして「自動的にOfficeクリップボードを表示」をオンにしておくと、2回コピーした時点で自動的に開くようになる（**図6**）。

なお、クリップボードの内容は再起動や電源オフで消去されるので気を付けよう。

Ⓦ Officeクリップボードなら「選んで貼り付け」

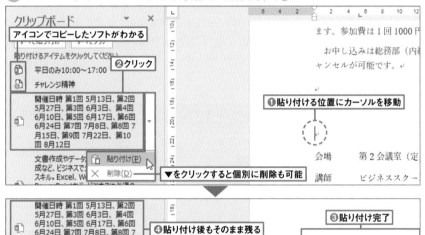

↟ **図5** 貼り付け位置を選択し、Officeクリップボードから貼り付けるデータをクリックする（❶❷）。選んだデータが貼り付けられ、Officeクリップボードの内容はそのまま残る（❸❹）

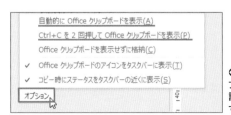

↩**図6**「クリップボード」ウインドウの左下にある「オプション」をクリックすると、Officeクリップボードの設定を変更可能。頻繁に開くようなら自動的に表示する設定にしておくとよいだろう

Word

Section **04**

文字列のコピペは 4つの貼り付け形式を使い分け

入力済みの文字列をコピーして使うとき、問題になるのが文字列に設定された書式だ。コピー元と貼り付け先でフォントや段落書式が異なる場合、標準ではコピー元の書式のまま貼り付けられるので、後から書式を変更するのに手間がかかってしまう。そんなときのために、ワードでは文字列を貼り付けるときに4つの形式を選択できる。用途に応じて使い分けることが時短につながる。

コピーまたは切り取った文字列を貼り付けると、直後に「貼り付けのオプション」ボタンが表示され、このボタンから貼り付け形式を選択することができる（**図1**、**図2**）。また、あらかじめ貼り付ける形式が決まっているなら、リボンの「貼り付け」ボタンで形式を選択して貼り付けることも可能だ。

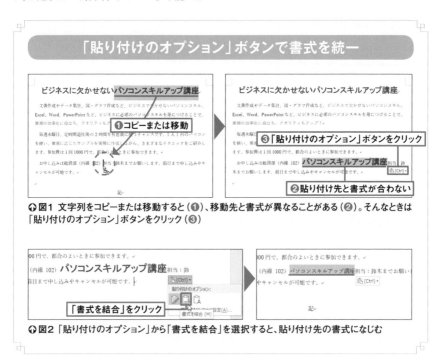

○図1 文字列をコピーまたは移動すると（**①**）、移動先と書式が異なることがある（**②**）。そんなときは「貼り付けのオプション」ボタンをクリック（**③**）

○図2 「貼り付けのオプション」から「書式を結合」を選択すると、貼り付け先の書式になじむ

88

4つの貼り付け形式の特徴

　図1の「貼り付けのオプション」ボタンで選べる形式は3つだが、リボンの「貼り付け」ボタンでは4つの形式から選択できる（**図3**）。形式ごとの違いを見ていこう。

　「元の書式を保持」は、貼り付け後もコピー元の書式がそのまま残る（**図4**）。初期設定で選択されるのはこの形式だが、貼り付け先の書式と合わないことが多い。

　「書式を結合する」は、太字や斜体など一部の書式以外は、貼り付け先の書式に合わせる形式だ（**図5**）。コピー元で指定されていた書式はほとんど消去され、貼り付け先の直前にある文字の書式が適用される。貼り付け先になじませつつも、コピー元で強調されていた文字を目立たせたい場合に使うとよい。

Ⓦ 4つの貼り付け形式を使い分けよう

⤴**図3**「ホーム」タブで「貼り付け」ボタンの▼をクリックする（❶❷）。4つのボタンで貼り付け形式を選択できる

1 元の書式を保持

⤴**図4**「元の書式を保持」では、コピー元の書式がそのまま貼り付け先でも保持される。貼り付け先とは別の書式になるので違和感を生じることもある

2 書式を結合

⤴**図5**「書式を結合」では、貼り付け先の書式に合わせられるが、太字など一部の書式は残る

「図」は、テキストを画像に変換して貼り付ける形式で、「オフィス365」のワードのみ利用可能。画像として貼り付けられるため、貼り付け後に文字の修正などはできない。原文のまま引用したいときや、罫線や回転など画像特有の設定をしたいときに使うとよい（**図6**）。

「テキストのみ保持」は、すべての書式設定を破棄し、テキストデータとして貼り付ける形式（**図7**）。貼り付け先として指定したカーソル位置の直前にある文字の書式がそのまま適用される。貼り付け先の書式に完全に合わせたいときにはこの形式を選択する。コピーしたデータに含まれる画像や罫線は削除されるので注意しよう。

既定の貼り付け形式をワードのオプションで指定

ワードの初期設定では、貼り付けの形式として「元の書式を保持」が選択されている。毎回のようにほかの形式に変更しているのなら、初期設定を変更しよう。「ファイル」タブで「オプション」を選んで「詳細設定」を開く（**図8**）。文書内でのコピペが多いなら、「同じ文書内の貼り付け」の形式を変更すればよい。

3 図

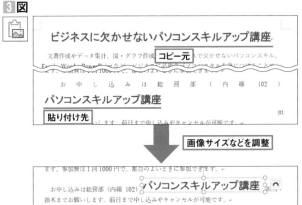

○ **図6**「図」では、文字列が画像として貼り付けられる。画像サイズを調整したり、枠を付けたりといった加工ができる

4 テキストのみ保持

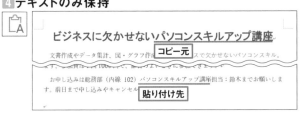

○ **図7**「テキストのみ保持」では、コピー元の書式がすべて削除されたテキストとして貼り付けられるため、貼り付け先の書式が適用される

Ⓦ よく使う貼り付けの形式を既定にする

🔺 **図8** 「ファイル」タブで「オプション」を選択し、開いたダイアログボックスで「詳細設定」を選択する(❶)。貼り付けの形式を確認し、必要に応じて変更する(❷❸)

段落書式を残すなら段落記号までコピー

　ところで文字列を貼り付けたら貼り付け先の段落書式が変わってしまった、あるいは見出しをコピペしたのに段落書式がコピーされなかった、といった経験はないだろうか。コピペしたときに、段落書式が引き継がれるかどうかは、コピーする際に段落記号(改行を示す矢印マーク)を含めたかどうかがポイントになる(**図9**)。

　段落記号を含めてコピーした文字列を貼り付けると、貼り付け形式が「元の書式を保持」の場合、コピー元の段落書式が貼り付け先の段落全体に適用される。段落書式をコピーしたくない場合は、段落記号を含めずにコピーするか、貼り付け後に「テキストのみ保持」などの段落書式を削除する形式を選択する。

Ⓦ 段落記号を含めるかどうかで変わる貼り付けの結果

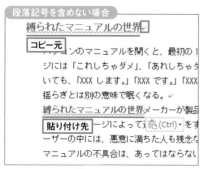

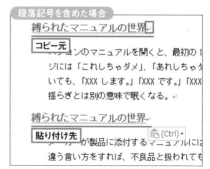

🔺 **図9** 同じように「元の書式を保持」を選択しても、コピー時に段落記号を含めていたかどうかによって、貼り付け後の結果が変わる

エクセルの表を
見た目を崩さずに貼り付ける

　データ管理をエクセルで行っている職場では、エクセルで作成した表やグラフを
ワード文書に貼り付ける機会が多い。表を貼り付ける場合、選択できる貼り付け形式
が文字列のときとは異なる。形式によってはせっかくエクセルできれいに作った表が
崩れてしまうことがある。また、形式によって貼り付け後にワードで表の内容を修正で
きないこともあるので、貼り付け後にどう使うかも考えてコピーしないと、思わぬ手間
がかかったりする。

　エクセルの表は、文字列と同じように「Ctrl」+「C」キーでコピーして、ワード文書に
「Ctrl」+「V」キーで貼り付けることができる。初期設定では貼り付ける形式として
「元の書式を保持」が選択され、エクセルで指定したフォントや罫線などが引き継が
れるのだが、微妙にズレが生じることが多い（**図1**）。列幅などを調整すれば済む話
だが、その手間を省くのが時短術だ。

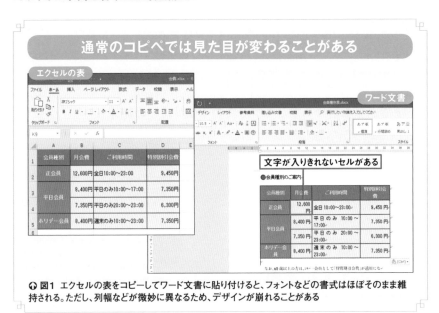

🔼 **図1** エクセルの表をコピーしてワード文書に貼り付けると、フォントなどの書式はほぼそのまま維
持される。ただし、列幅などが微妙に異なるため、デザインが崩れることがある

ワードで選べる表の貼り付け形式

　エクセルの表をワード文書に貼り付けると、文字列と同様に「貼り付けのオプション」ボタンが表示され、6つの形式を選択できる（**図2**）。具体的には「元の書式を保持」「貼り付け先のスタイルを使用」「リンク（元の書式を保持）」「リンク（貼り付け先のスタイルを使用）」「図」「テキストのみ保持」の6つ。簡単に説明しよう。

　「元の書式を保持」はエクセルの書式設定をできる限り再現しつつ、ワードの表として貼り付ける形式（**図3**）。書式を引き継ぎつつ、ワード上でさらに編集したいときに向く。「貼り付け先のスタイルを使用」は、貼り付け先の文字書式や段落書式が適用される。通常の文字列の間に表を貼り付けた場合、枠内の塗り色などはすべて解除されるため、再設定が必要になる。この形式は、ワードで作成中の表にエクセルの表を継ぎ足すといった場合に使うと効果的だ。「リンク（元の書式を保持）」と「リンク（貼り付け先のスタイルを使用）」は、元のエクセルファイルとのリンクを保持した形式で貼り付けられる（96ページ）。

Ⓦ 「貼り付けのオプション」ボタンで選べる6つの形式

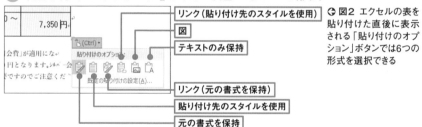

リンク（貼り付け先のスタイルを使用）
図
テキストのみ保持
リンク（元の書式を保持）
貼り付け先のスタイルを使用
元の書式を保持

🔄 図2　エクセルの表を貼り付けた直後に表示される「貼り付けのオプション」ボタンでは6つの形式を選択できる

Ⓦ 「元の書式を保持」と「貼り付け先のスタイルを使用」の違い

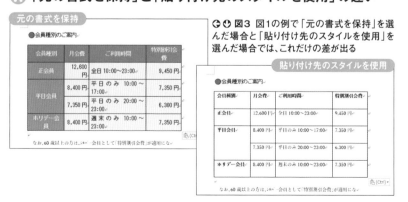

元の書式を保持

貼り付け先のスタイルを使用

🔄🔄 図3　図1の例で「元の書式を保持」を選んだ場合と「貼り付け先のスタイルを使用」を選んだ場合では、これだけの差が出る

「図」は表を画像データとして貼り付ける形式（**図4**）。エクセルの表を写真で撮って貼り付けるようなものなので、元表のレイアウトが崩れることはないが、ワードで表内のデータ修正はできない。見た目を崩さずにとにかく簡単に貼りたいなら、この形式でもよいだろう。

「テキストのみ保持」は、文字データのみが貼り付けられる（**図5**）。データだけを貼り付けて、ワードで表にするとか、箇条書きで見せるといった場合にテキストにすると扱いやすい。

このように、6つの形式の中でエクセルの表をそのままの形で貼り付けられる形式は「図」だけだ。ただし「図」の場合、前述の通り後からデータ修正ができないので、変更の必要がない場合のみ選択肢となる。

Ⓦ 「図」として貼り付ければ見た目は崩れない

⬆**図4** 貼り付けのオプションを「図」にすると、エクセルの表の見た目はそのまま、ワードの文書に画像として貼り付けることができる。貼り付けた表は拡大／縮小はできるものの、内容や書式の修正はできない

Ⓦ 「テキストのみ保持」は文字データだけを貼り付け

⬆**図5** 貼り付けのオプションを「テキストのみ保持」にすると、エクセルの表の文字データのみが貼り付けられる。表の枠線などは削除され、項目間はタブが入力されている

崩れず編集もできる「Microsoft Excelワークシートオブジェクト」

　表のレイアウトを崩さず、後から表の編集もできる形式で貼り付けたければ、リボンの「ホーム」タブにあるボタンを使うのがポイント。貼り付ける際、「貼り付け」ボタンの下にある▼をクリックし、「形式を選択して貼り付け」を選択する（**図6**）。表示されたダイアログボックスで、「Microsoft Excelワークシートオブジェクト」を選択する。

　この方法だと、ワードの中にエクセルの表をそのまま貼り付けることができ、レイアウトが崩れることはない。見た目だけでなく、表をダブルクリックするとワードの中でエクセルが起動し、エクセルの高度な表計算機能をそのまま使って編集ができる（**図7**、**図8**）。後から編集したい表であれば、この形式がベストだ。

Ⓦ 「Microsoft Excelワークシートオブジェクト」として貼り付け

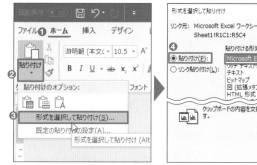

⤴ **図6** エクセルの表をコピーしたら、ワードの「ホーム」タブで「貼り付け」ボタンの▼をクリック（**❶❷**）。「形式を選択して貼り付け」を選ぶ（**❸**）。「貼り付け」をオンにし、「Microsoft Excelワークシートオブジェクト」を選択して「OK」ボタンをクリックする（**❹～❻**）

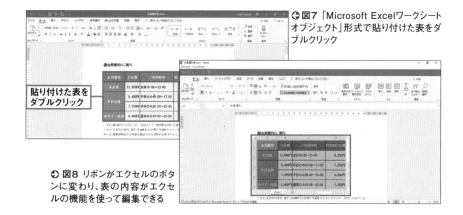

⤴ **図7**「Microsoft Excelワークシートオブジェクト」形式で貼り付けた表をダブルクリック

**貼り付けた表を
ダブルクリック**

⤴ **図8** リボンがエクセルのボタンに変わり、表の内容がエクセルの機能を使って編集できる

エクセルファイルが更新されたらワードでも自動更新

　随時データが更新される売上表や名簿などは、エクセルの元ファイルが更新されたらワードに貼り付けた表も自動的に更新されるように設定すれば、書き換えの手間を省ける。そんなときに利用したいのが「リンク貼り付け」だ。

　前ページ図6で貼り付け形式を選択する際、「リンク貼り付け」をオンにすれば、エクセルファイルとのリンクを保持できる（**図9**）。リンク貼り付けをした表を修正する場合、ワードに貼り付けた表をダブルクリックすると元のエクセルファイルが開き、両方のデータを同時に修正できる。

　リンク貼り付けをしたワード文書を閉じた状態でエクセルの元ファイルを修正すると、次回ワード文書を開くとき、最新情報に更新するかどうかを選択できる（**図10**）。エクセルの元ファイルとワード文書の両方を開いた状態でコピー元のファイルを修正した場合、ワード文書は自動的には更新されない。更新するにはリンク貼り付けした表を右クリックし、「リンク先の更新」を選ぶ（**図11**）。

　エクセルファイルが更新されても貼り付けた表を更新させたくない場合は、リンクの更新を中止することもできる。図の画面で「リンクされたWorksheetオブジェクト」から「リンクの設定」を選択して、「更新しない」にチェックを付ければよい（**図12**）。

Ⓦ リンクを保持するように設定

◯**図9** 前ページ図6の画面で「リンク貼り付け」をオンにして、「Microsoft Excelワークシートオブジェクト」を選択（**❶❷**）。「OK」ボタンを押す（**❸**）

Ⓦ ワードファイルを開く際に、更新するかどうかを選択

◯**図10** リンク貼り付けが設定されたワード文書を開くと、最新データに更新するかどうかの確認画面が表示される。「はい」を選べば更新できる

🅦 手動で最新情報に更新

⑤ 図11 手動でデータを更新するには、リンク貼り付けした表を右クリックし、メニューから「リンク先の更新」を選ぶ（❶❷）

🅦 リンクの設定はいつでも変更可能

⑤ 図12 リンク貼り付けした表を右クリックし、メニューから「リンクされたWorksheetオブジェクト」を選択（❶❷）。「リンクの設定」を選び、更新方法を選択する（❸❹）

グラフの場合はリンク貼り付けが標準

なお、エクセルのグラフをワード文書に貼り付けると、初期設定では「貼り付け先テーマを使用しデータをリンク」という形式が選択され、自動的に元のエクセルファイルとのリンクが保持される（**図13**）。データを編集するときには、グラフを右クリックし、「データの編集」から「Excelでデータを編集」を選べばよい。

🅦 グラフはリンクが基本

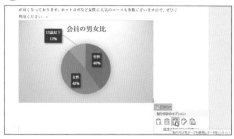

⑤ 図13 エクセルのグラフをコピーしてワード文書に貼り付けると、「貼り付け先テーマを使用しデータをリンク」形式で貼り付けられる。編集が必要な場合はグラフを右クリックして、「データの編集」から「Excelでデータを編集」を選択する

第3章 コピペを極めれば編集が超速に

Section
06

ウェブサイトからのコピーは ショートカットキーで

1分
時短

　ウェブサイトの情報を利用する場合、コピーしたいアイテムをワードのウインドウにドラッグ・アンド・ドロップするだけでもワード文書にコピペできる（**図1**）。しかし、両方のウインドウが見えるように調整するなど、別のソフトからのドラッグコピーは手間がかかる。また、この方法だと「貼り付けオプション」ボタンは表示されない（**図2**）。

　ウェブサイトからのコピーを簡単に済ませるなら、ショートカットキーを使うのがお勧め（**図3**）。「貼り付けオプション」ボタンも表示され、「元の書式を保持」「書式を結合」「テキストのみ保持」の3つの形式から選択できる（**図4、図5**）。

　ウェブサイトのデータを利用する場合は、著作権に十分配慮するのは言うまでもない。ウェブサイトのデータにはハイパーリンクが設定されていることも多いので、不要な場合は解除するのを忘れずに（**図6**）。

Ⓦ ドラッグでコピーもできるが操作性はイマイチ

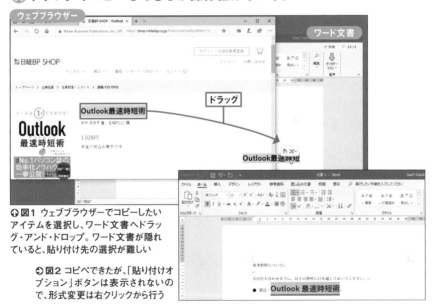

⬆**図1** ウェブブラウザーでコピーしたいアイテムを選択し、ワード文書へドラッグ・アンド・ドロップ。ワード文書が隠れていると、貼り付け先の選択が難しい

➡**図2** コピペできたが、「貼り付けオプション」ボタンは表示されないので、形式変更は右クリックから行う

Ⓦ 「Ctrl」+「C」キーでコピーすれば形式選択が楽

ウェブブラウザー

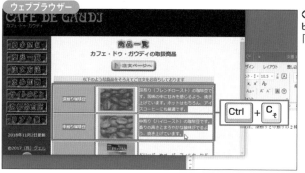

○図3 ウェブブラウザーでコピーしたいアイテムを選択し、「Ctrl」+「C」キーでコピーする

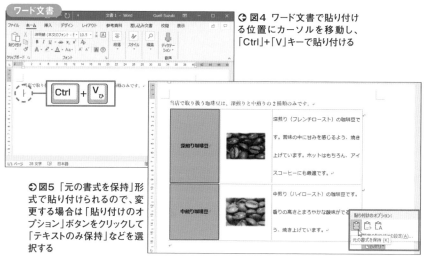

○図4 ワード文書で貼り付ける位置にカーソルを移動し、「Ctrl」+「V」キーで貼り付ける

○図5「元の書式を保持」形式で貼り付けられるので、変更する場合は「貼り付けのオプション」ボタンをクリックして「テキストのみ保持」などを選択する

Ⓦ ハイパーリンクは右クリックから解除

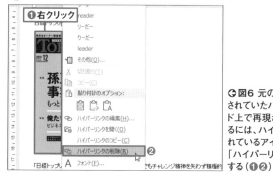

○図6 元のウェブページに設定されていたハイパーリンクも、ワード上で再現される。これを削除するには、ハイパーリンクが設定されているアイテムを右クリックし、「ハイパーリンクの削除」を選択する(❶❷)

書式設定の繰り返しは「書式のコピー」で解決

5分 時短

Section 07

文書をわかりやすくするために、見出しのフォントや段落書式を変更するのはよくある。同じ書式にしたい文字列が繰り返し出てくる場合は、「書式のコピー」機能で書式だけをコピペすれば手間が省ける（**図1**）。

コピー元の段落にカーソルを置いて、「ホーム」タブの「書式のコピー／貼り付け」ボタンをクリックする（**図2**）。続けて貼り付け先をクリックすれば、コピー元の文字書式と段落書式が貼り付けられる（**図3**）。ショートカットキーなら、書式コピーが「Ctrl」＋「Shift」＋「C」キー、貼り付けが「Ctrl」＋「Shift」＋「V」キーだ。貼り付け先の選択時に、クリックではなくドラッグで文字列を選択すると、文字書式のみを貼り付けられる（**図4**）。「書式のコピー／貼り付け」ボタンをダブルクリックすると、再度「書式のコピー／貼り付け」ボタンをクリックするまで繰り返し貼り付けできることも覚えておこう。

同じ書式の繰り返しはコピーで時短

⬆ **図1** 1つめの見出しのフォントや段落書式を設定したら、同じレベルの見出しには書式だけをコピーすればよい。何度も同じ書式設定をせずに済む

100

Ⓦ 書式だけをコピーして貼り付ける

⤷ 図2 書式のコピー元のどこかにカーソルを移動する（❶）。「ホーム」タブの「書式のコピー/貼り付け」ボタンをクリックする（❷❸）

❷ ホーム

③クリック

クリップボード

または Ctrl + Shift + C そ

❶コピー元にカーソルを移動

●電車に揺られて

●電車に揺られて

　電車に揺られていると、だんだん気持ちがよく
妙に一定していないからだという。

　一定しない揺らぎが、人間の肩の力を抜き、リラ

　小説やエッセイを読むときにその世界に入り込
ているように思う。

　最初の数行で読者をぐっと引き込み、リズム感
せ、❶貼り付け先をクリック くれる変化に富んた
ラックスさせてく

または Ctrl + Shift + V ひ

●統制され世界
　それに引き換え、マニュアルはどうだろう。
　メーカーが製品に添付するマニュアルには、

●電車に揺られて

　電車に揺られていると、だんだん気持ちがよく
妙に一定していないからだという。

　一定しない揺らぎが、人間の肩の力を抜
　小説やエッセイを読むときにその世界に
ているように思う。

　最初の数行で読者をぐっと引き込み、リ
せ、ときにクスッと笑わせてくれる変化に
ラ❷書式が貼り付けられた

●統制された世界

⬆ 図3 ポインターが刷毛の形に変わったら、貼り付け先の段落のどこかをクリックする（❶）。段落全体に書式が適用される（❷）

Ⓦ 文字書式だけをコピーするならドラッグで貼り付け

●電車に揺られて

　電車に揺られていると、だんだん気持ちがよくない
妙に一定していないからだという。

　一定しない揺らぎが、人間の肩の力を抜き、リラッ
　小説やエッセイを読むときにその世界に入り込ん
ているように思う。

　最初の数行で読者をぐっと引き込み、リズム感の
❶貼り付け先をドラッグ てくれる変化に富んだ小説
ラックスさせてくれるはずだ。

●統制された世界
　それに引き換え、マニュアルはどうだろう。
　メーカーが製品に添付するマニュアルには、統

●電車に揺られて

　電車に揺られていると、だんだん気持ちが
妙に一定していないからだという。

　一定しない揺らぎが、人間の肩の力を抜き、リ
　小説やエッセイを読むときにその世界に入り
ているように思う。

　最初の数行で読者をぐっと引き込み、リズム
❷書式が貼り付けられた てくれる変化に富ん
ラックスさせてくれるはずだ。

●統制された世界
　それに引き換え、マニュアルはどうだろう

⬆ 図4 図2で書式をコピーした後、貼り付け先の文字列をドラッグすると、ドラッグした文字列だけに書式が貼り付けられる（❶❷）

第3章

コピペを極めれば編集が超速に

箇条書きのコピペは 記号や番号の引き継ぎに注意

1分 時短

行頭に自動で記号や番号が付いた「箇条書き」をコピーした場合、貼り付け先で記号や番号を引き継ぐかどうかで貼り付け形式の選択が変わる。選択肢は、「リストを結合する」「リストを結合しない」「テキストのみ保持」の3つだ。

作成中のリストの途中に貼り付ける場合、最適な選択肢は「テキストのみ保持」だ（**図1、図2**）。書式なしのテキストを貼り付けることで、貼り付け先の書式にすべて統一され、箇条書きの記号や番号も引き継ぐことができる。

リストの最後に貼り付ける場合は、どの貼り付け形式を選択しても、コピー元の書式が残ってしまうので、形式はどれでもよい。貼り付け後に「書式のコピー／貼り付け」で書式を統一するとよいだろう。

Ⓦ 書式が異なる箇条書きは、「テキストのみ保持」で貼り付け

⬆ 図1 コピー元の箇条書きを選択し、「Ctrl」+「C」キーでコピーする（❶）。貼り付け先の直前にカーソルを移動する（❷）

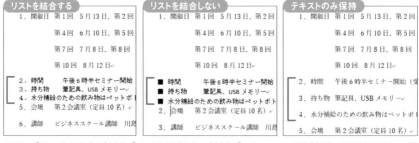

⬆ 図2 「リストを結合する」（左）、「リストを結合しない」（中）、「テキストのみ保持」（右）で貼り付けた結果。貼り付け形式としては、「テキストのみ保持」を選ぶと手がかからない

第4章

見やすいレイアウトを最速で実現

ビジネス文書は中身が命。とはいえ、レイアウトが見づらいという理由で誰にも読んでもらえないようでは困る。華美なデザインは不要だが、読みやすくビジネス文書らしいレイアウトにする必要はあるということだ。そんなレイアウトを最短の時間で作成するための機能をまとめて紹介しよう。

- ●タブとインデントで文字配置をコントロール
- ●箇条書きで簡潔にまとめる
- ●スタイル機能で長文を楽にレイアウト
- ●行間、段落間を自在に指定　ほか

4種類のタブをマスター
思い通りに文字配置

10分
時短

　項目名とその内容を並べて列挙する場合などに、項目名と内容の間に空白を入れて縦を揃えるのはご法度だ（**図1**）。半角文字が入ればきれいに揃わないし、揃ったとしても修正するたびに位置の調整が必要になる。タブ機能を使えば、そんな苦労をせずにピタリと文字列を揃えることができる（**図2**）。

　タブは文字列の位置を揃えるための機能。「左揃え」「中央揃え」「右揃え」「小数点揃え」の4種類のタブがあり、自由な位置に設定できる。商品リストであれば、商品名は行頭から10ミリの位置で左揃え、価格は50ミリの位置で右揃え、といった具合に、正確配置が可能だ。最初はタブの設定が面倒かもしれないが、慣れればその便利さや重要性がわかるはずだ。

「スペース」キーでの文字揃えは時間の無駄

空白使用

●会員の種類　　　微妙にズレている　　　　　　　　　　　手前の修正で後ろがズレる

会員種別	月会費	ご利用時間	比率
正会員	12,600円	全日 9:00～23:00	42.8%
平日会員	8,400円	平日のみ 9:00～17:00	26.5%
ナイト会員	7,350円	平日のみ 20:00～23:00	9.8%
Holiday 会員	8,400円	週末のみ 8:00～23:00	19.9%

ご利用時間	比率
9:00～23:00	42.8%
平日のみ 9:00～17:00	26.5%
平日のみ 20:00～23:00	10.8%
週末のみ 8:00～23:00	19.9%

⬆ **図1** 項目間を「スペース」キーで埋めると、一見揃っているように見えて、ズレていることもある（左）。空白で揃えた場合、文字の修正によって文字揃えが崩れて修正に手間がかかる（右）

タブ使用

●会員の種類　　　**右揃え**　　　**中央揃え**　　　**小数点揃え**

会員種別		月会費		ご利用時間		比率
正会員	→	12,600円	→	全日 9:00～23:00		42.8%
平日会員	→	8,400円	→	平日のみ 9:00～17:00		6.5%
ナイト会員	→	7,350円	→	平日のみ 20:00～23:00		10.8%
Holiday 会員	→	8,400円	→	週末のみ 8:00～23:00		19.9%

➡ **図2** タブ機能を使って揃えれば、左揃えだけでなく右揃えや中央揃え、小数点揃えなど多彩な文字揃えが可能だ

タブは初期設定で使うな!

　何も設定していない行では、「Tab」キーを押すたびにカーソルが右に動いていく（**図3**）。タブは目に見えないストッパーのようなもので、初期設定では4文字ごとに左揃えのタブが設定されている。「Tab」キーを押すと次のタブ位置までカーソルが移動し、その後入力した文字はタブ位置から左揃えで入力できる（**図4**）。

　初期設定のタブ位置は仮であり、自分でタブ設定を行うと4文字ごとのタブは自動的にクリアされる（**図5**）。揃えたい文字列に応じてタブを配置するのが、タブの正しい使い方だ。

Ⓦ 初期設定の「Tab」キーの動きを確認

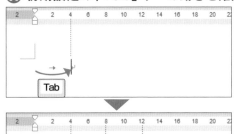

◐ **図3**「Tab」キーを押すと、タブ記号（→）が入力され、次のタブ位置までカーソルが移動する。初期設定では4文字ごとに左揃えのタブが設定されているため、「Tab」キーを押すたびに4文字分ずつ右に移動する

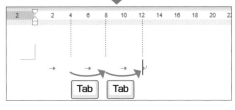

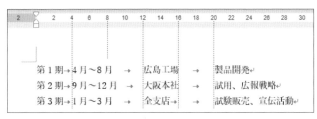

◐ **図4** 初期設定のタブを利用して文字列を揃えてみた。文字列の後で「Tab」キーを押すと、次のタブ位置までカーソルが送られていることがわかる

◐ **図5** 3つのタブを設定した例。手動でタブ設定を行うと、初期設定の4文字ごとのタブがクリアされることがわかる

4種類のタブを使い分けて配置を自在にコントロール

　実際にタブを設定する手順を見ていこう。

　タブの設定にはルーラーを使うので、まずはルーラーを表示する（**図6**）。初期設定ではタブ記号が見えないので、「編集記号の表示／非表示」をオンにして、表示させたほうがわかりやすい。これで準備は完了。

　タブを設定する位置は文字列の長さ次第で変わるので、入力を先に済ませたほうが効率が良い。揃えたい項目の前にタブ記号を入力しておくのを忘れずに（**図7**）。入力が済んだら、タブで揃えたい段落を選択する。

　タブの種類は、ルーラー左上隅にあるボタンで選択する。クリックするたびに種類が切り替わるので、設定したいタブが表示されるまでクリックする（**図8**）。

　ルーラー上でタブ位置を指定する（**図9**）。タブ位置はクリックでも指定できるが、正確に指定したいときにはマウスのボタンを押したままにして、タブ位置を示す点線を設定したい位置までずらしてからボタンを離すとうまく設定できる。

　この例では項目の行にそれぞれ、右揃え、左揃え、小数点揃えのタブを設定後、1行目の見出しが項目の中央に配置されるようにタブを設定した（**図10**、**図11**）。

Ⓦ ルーラーとタブ記号を表示する設定に

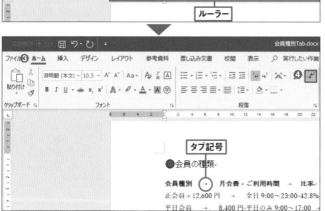

⊖ **図6**「表示」タブで「ルーラー」にチェックを付けると、ルーラーが表示される（❶❷）。「ホーム」タブで「編集記号の表示／非表示」をクリックして、タブ記号も表示されるようにしておこう（❸❹）

Ⓦ タブの種類と位置を指定して文字を配置

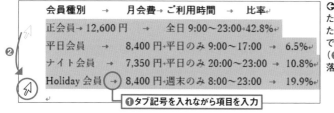

● 図7 先に入力を済ませたほうが設定しやすい。揃えたい項目の前に「Tab」キーでタブ記号を入力しておく（❶）。文字列を揃えたい段落をドラッグで選択（❷）

❶タブ記号を入れながら項目を入力

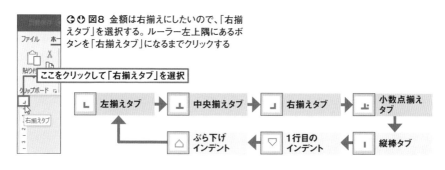

●● 図8 金額は右揃えにしたいので、「右揃えタブ」を選択する。ルーラー左上隅にあるボタンを「右揃えタブ」になるまでクリックする

ここをクリックして「右揃えタブ」を選択

∟	左揃えタブ	⊥	中央揃えタブ	⅃	右揃えタブ	⊥	小数点揃えタブ

△	ぶら下げインデント	▽	1行目のインデント	∣	縦棒タブ

● 図9 ルーラー上で目盛りの少し下をクリックすると、タブを設定できる。クリックでの指定が難しい場合は、マウスのボタンを押したままにして、目安の点線を揃えたい位置までドラッグしてからボタンを離すとうまく設定できる

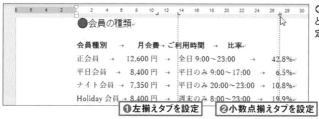

● 図10 同様に、左揃えと小数点揃えのタブを設定する（❶❷）

❶左揃えタブを設定　❷小数点揃えタブを設定

● 図11 見出しの段落を選び、2行目以降の項目に対して中央揃えになるように「中央揃えタブ」を設定すれば、設定完了だ

設定したタブは、自由に移動したり、不要になれば削除することもできる。タブマーカーをドラッグすれば位置をずらせるし、削除したければ真下にドラッグすればよい（**図12**）。タブが設定された段落に続けて本文などを入力する場合、改行してもタブ設定が引き継がれる。標準の書式に戻したければ、「すべての書式をクリア」ボタンを使うとタブ設定を含めて書式を一括削除できる（**図13**）。

項目間をつなぐ点線は「リーダー」でワンタッチ

項目同士の間隔が離れている場合、間に「リーダー」（線）を入れるとわかりやすい。「…」や「．」を手入力してリーダーを書こうとすると揃えるのは難しいが、タブが入っているなら話は簡単。タブにリーダーを設定すれば、点線や下線で項目間を結ぶことができる（**図14、図15**）。なお、図15左の画面ではリーダーを設定するだけでなく、「すべてクリア」でタブをまとめて削除したり、「既定値」で既定のタブ位置を変更したりもできる。

タブで区切れば作表も簡単

タブで項目を揃えてみたものの、「やっぱり表形式にすればよかった」という場合は、「挿入」タブで「表」から「文字列を表にする」を選択するだけで表の枠を自動作成することができる（**図16**）。

表を作る場合、通常は先に表の枠を作ってから文字列を入力するが、その手順だと文字数に合わせて後から列幅などを調整する必要がある。タブ区切りで入力した文字列を表にすれば、文字列に応じた列幅になるため手間が省ける。

Ⓦ 設定したタブをクリアするには

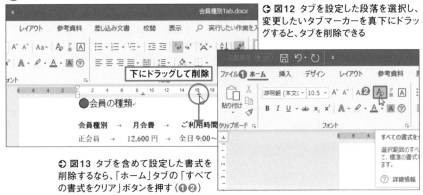

◒ **図12** タブを設定した段落を選択し、変更したいタブマーカーを真下にドラッグすると、タブを削除できる

◒ **図13** タブを含めて設定した書式を削除するなら、「ホーム」タブの「すべての書式をクリア」ボタンを押す（❶❷）

Ⓦ 項目を結ぶ点線をワンタッチで挿入

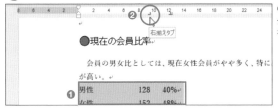

◯ 図14 段落を選択し、リーダーを設定するタブマーカーをダブルクリックする（❶❷）

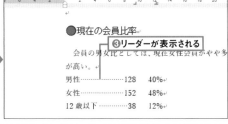

◯◯ 図15 「タブとリーダー」ダイアログボックスが開くので、「リーダー」で線の種類を選択して「OK」ボタンをクリックする（❶❷）。これでタブの位置にリーダーが表示される（❸）

Ⓦ タブで区切っておけば表にするのも簡単

◯◯ 図16 タブで区切った文字列を選択し、「挿入」タブで「表」から「文字列を表にする」を選択する（❶〜❹）。「文字列の幅に合わせる」を選択して「OK」ボタンを押すと（❺❻）、選択していた段落に表の枠が表示される（❼）

インデントで階層化すれば
文書の構造は一目瞭然

Word

Section
02

3分
時短

ビジネス文書はひと目で内容を把握できるレイアウトが望ましい。文字数が多い場合は小見出しを立てるなど、わかりやすく見せる工夫が必要だ。小見出しと本文の始まる位置が同じだと、せっかくの小見出しが埋もれてわかりづらい。小見出し、本文、引用文など、文章の役割ごとに段落の開始位置を変えることでこの問題は解決する（**図1**）。左右の余白を広げて配置を調整するインデント機能を使おう。

左インデント、右インデントはクリックで簡単設定

インデントは、段落の開始位置と終了位置を変更する機能。開始位置をずらして左余白を広げる「左インデント」は、「ホーム」タブの「インデントを増やす」ボタンや「インデントを減らす」ボタンでも設定で簡単に増減できる。「レイアウト」タブの「インデント」では、終了位置をずらす「右インデント」も一緒に指定できる（**図2**）。

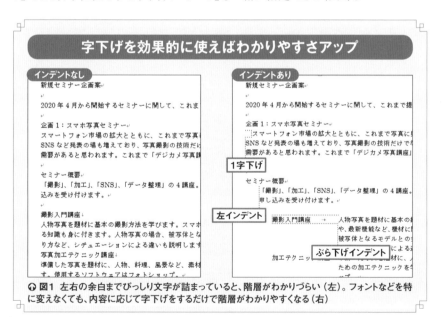

○ **図1** 左右の余白までびっしり文字が詰まっていると、階層がわかりづらい（左）。フォントなどを特に変えなくても、内容に応じて字下げをするだけで階層がわかりやすくなる（右）

110

初期設定では、インデントの設定は1字単位だが、「10mm」のように入力すればミリ単位でも設定可能だ（**図3**）。いつもミリ単位にしたいなら、初期設定を変更すればよい（22ページ）。左右の余白を広げることで1行の文字数が減り、可読性が上がる効果も期待できる。

　設定したインデントは、ルーラーを表示すると確認や修正がしやすい。初期設定のインデントは「0」なので、ルーラーの端に左インデントと右インデントのマーカーが表示される。インデントマーカーをドラッグすることでも、左右のインデントの位置を変更できる（**図4**）。

左右のインデントを設定

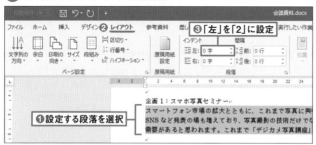

↻↺ **図2** 設定する段落を選択する（❶）。「レイアウト」タブの「インデント」で「左」の入力欄に「2」を入力するか、▲をクリックして「2」に設定する（❷❸）。段落の左側が2文字分字下げされたことを確認する（❹）。同様に「右」を「2」に設定すると、右側の余白も2文字分増える（❺❻）

ミリ単位の指定や、ドラッグでの直感的な指定も可能

⬆ **図3** 「インデント」の単位は「字」が初期設定だが、「10mm」のようにミリ単位で指定することもできる

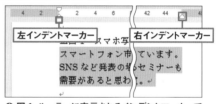

⬆ **図4** ルーラーに表示されるインデントマーカーで設定を確認したり、ドラッグで変更したりできる

「字下げ」と「ぶら下げ」で段落区切りを明確に

　インデントでは、左右余白だけでなく、1行目の開始位置を個別に指定できる。段落の最初だけ1字下げる「字下げインデント」は、段落の最初に全角の空白を入力するだけで設定できる（**図5**）。ルーラーに表示される▽が、「1行目のインデント」マーカーだ。インデント設定は次の段落にも引き継がれるので、不要であれば「Ctrl」＋「Q」キーで解除すればよい（**図6**）。なお、空白文字で字下げインデントにならない場合は、入力オートフォーマットの設定を確認しよう（16ページ）。

　字下げとは逆に、1行目だけを左に飛び出させる「ぶら下げインデント」は、箇条書きでよく使われる。左に飛び出す項目名の後にタブ記号を入力しておき、ルーラーで「ぶら下げインデント」マーカーをドラッグして設定する（**図7**）。

Ⓦ 字下げインデントは「スペース」キーで簡単設定

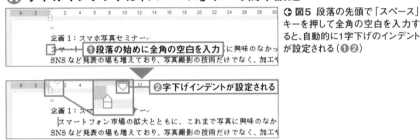

↩ **図5** 段落の先頭で「スペース」キーを押して全角の空白を入力すると、自動的に1字下げのインデントが設定される（❶❷）

↩ **図6** インデントは改行後も引き継がれる。字下げインデントが不要なら「Ctrl」＋「Q」キーで削除すればよい

Ⓦ 1行目だけ左に残すぶら下げインデントはルーラーで設定

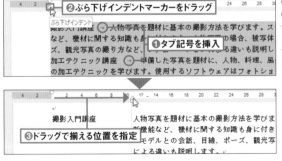

↩ **図7** 各項目の見出しと説明文の間で「Tab」キーを押して、タブ記号を入力しておく（❶）。ルーラーで「ぶら下げインデント」マーカーをドラッグして、揃える位置を指定する（❷❸）

ダイアログボックスでインデントをまとめて設定

ここまでは、リボンにあるボタンやルーラーで簡単にインデントの設定をする方法を紹介してきたが、「段落の設定」ダイアログボックスを使えば左右と1行目のインデントをまとめて設定することも可能だ（**図8**）。

「1　商品名　価格　説明文」のように、複数の項目が並び、最後の説明文が複数行にわたる場合、インデントとタブを組み合わせるとうまく設定できる（**図9**）。

改行後、タブやインデントの設定をすべてクリアして本文の設定に戻したいときには、「ホーム」タブの「すべての書式をクリア」ボタンを使うのが簡単だ（**図10**）。

Ⓦ インデントを数値で指定

⬆️⬇️ **図8** インデントをまとめて設定する場合は、「レイアウト」タブの「段落の設定」ボタンをクリック（❶❷）。「左」（または「文字列の前」）で左インデント、「右」（または「文字列の後ろ」）で右インデントを指定する（❸）。字下げインデントとぶら下げインデントは「最初の行」で選び、インデント幅を「幅」に入力する。指定できたら「OK」ボタンを押す（❹）

Ⓦ 行内の複数箇所で揃えるならタブを併用

| 1行目のインデント | 左揃えタブ | ぶら下げインデント |

⬆️ **図9** 左端に1行目のインデントを設定し、説明文の頭をぶら下げインデントで揃える。それ以外に揃える文字列があればタブを設定する

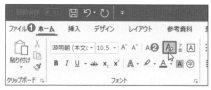

⬆️ **図10** インデントやタブを含めて設定した書式を削除するなら、「ホーム」タブの「すべての書式をクリア」ボタンを押す（❶❷）

箇条書きの活用で
項目や手順を見やすく列挙

　文書を伝わりやすくするポイントの1つは、「箇条書き」にまとめることだ。長々と文章で説明するより、箇条書きで要点を列記したほうが、わかりやすくなるビジネス文書は多い（**図1**）。

文章に箇条書き記号や番号を設定

　先頭に「1.」や「a.」が付いた行を改行したり、「●」や「■」などの記号とスペースを入力したりすると、自動的に箇条書きの書式が適用される（**図2**）。必要のないときにこの機能が働くと邪魔になるので、12ページではその解除方法を紹介した。しかし、本当に連番や箇条書きを利用したいなら話は別。自動的に段落にぶら下げインデントが設定され、2行目以降も記号や数字に続く文章がきれいに揃うので、箇条書きをよく使う人にとってはありがたい機能だ。上手に利用するとよい。

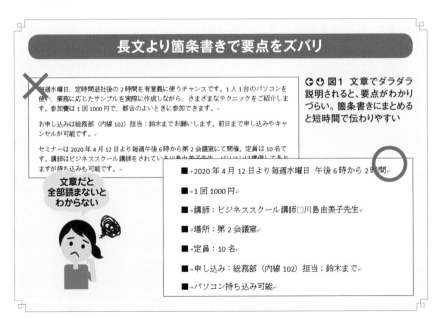

長文より箇条書きで要点をズバリ

◐◑図1 文章でダラダラ説明されると、要点がわかりづらい。箇条書きにまとめると短時間で伝わりやすい

毎週水曜日、定時間退社後の2時間を有意義に使うチャンスです。1人1台のパソコンを使い、業務に応じたサンプルを実際に作成しながら、さまざまなテクニックをご紹介します。参加費は1回1000円で、都合のよいときに参加できます。

お申し込みは総務部（内線102）担当：鈴木までお願いします。前日まで申し込みやキャンセルが可能です。

セミナーは2020年4月12日より毎週午後6時から第2会議室にて開催。定員は10名です。講師はビジネススクール講師をされている川島由美子先生。パソコンは準備してありますが持ち込みも可能です。

**文章だと
全部読まないと
わからない**

■→2020年4月12日より毎週水曜日　午後6時から2時間↲

■→1回1000円↲

■→講師：ビジネススクール講師□川島由美子先生↲

■→場所：第2会議室↲

■→定員：10名↲

■→申し込み：総務部（内線102）担当：鈴木まで↲

■→パソコン持ち込み可能↲

後から「やっぱり箇条書きにすればよかった」と思った場合も心配ご無用。入力済みの文字列を箇条書きにするのも簡単だ。箇条書きにする段落を選択し、「箇条書き」ボタンか「段落番号」ボタンから記号や番号を選ぶだけで、箇条書きとなり、ぶら下げインデントの設定も自動的に行われる（図3）。

Ⓦ 記号や番号を入力して箇条書き設定に

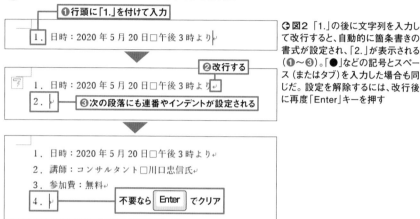

◑図2 「1.」の後に文字列を入力して改行すると、自動的に箇条書きの書式が設定され、「2.」が表示される（❶～❸）。「●」などの記号とスペース（またはタブ）を入力した場合も同じだ。設定を解除するには、改行後に再度「Enter」キーを押す

Ⓦ 後から箇条書きに変更するのも簡単

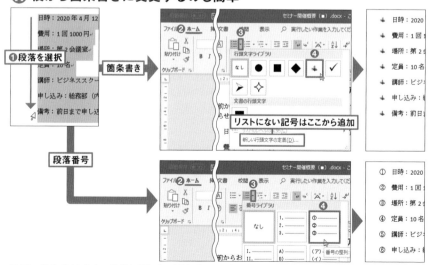

◑図3 箇条書きにしたい段落を選択する（❶）。「ホーム」タブで「箇条書き」または「段落番号」の▼をクリックする（❷❸）。行頭の記号や番号の形式を選択する（❹）

箇条書き機能の最大のメリットは修正・変更への対応力

「記号や番号くらい自分で入力する」という人は、確実に損をしている。なぜなら、手入力した記号や番号は、修正するときに手間がかかるからだ。

箇条書きの途中に項目を追加する場合、手入力だと番号をずらさなくてはならないが、箇条書き機能を使っていれば自動的に番号がずれる（**図4**）。記号や番号が気に入らなければ、箇条書きのどこかを選んで図3の手順で選び直せばよい。

箇条書きの位置は、記号や数字をドラッグするだけで移動できる（**図5**）。記号から項目までの間隔はルーラーでインデント設定を変えてもよいが、「リストのインデントの調整」を使うとミリ単位で正確に指定できる（**図6**）。

Ⓦ 箇条書き機能なら修正が楽

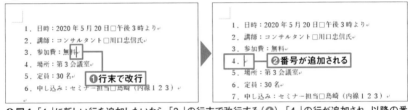

↑**図4**「4.」に新しい行を追加したいなら、「3.」の行末で改行する（❶）。「4.」の行が追加され、以降の番号が順にずれる（❷）

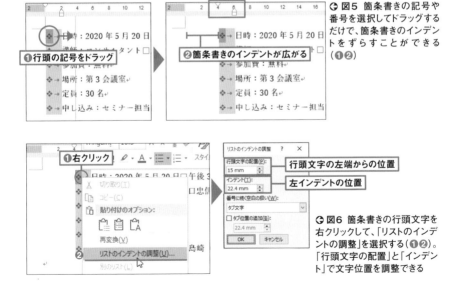

↷**図5** 箇条書きの記号や番号を選択してドラッグするだけで、箇条書きのインデントをずらすことができる（❶❷）

↷**図6** 箇条書きの行頭文字を右クリックして、「リストのインデントの調整」を選択する（❶❷）。「行頭文字の配置」と「インデント」で文字位置を調整できる

段落内改行やレベル指定で多彩な箇条書きに対応

行頭に記号があって、その後に説明が続くのが基本的な箇条書きだが、なかには1行目に箇条書きの見出しを置き、改行して説明を入力したいこともある。そんなときは、1行目の入力後に「Shift」+「Enter」キーで改行すればよい。すると同じ段落と見なされ、文字列がきれいに揃う（**図7**）。

箇条書きの項目がさらに細分化している場合は、項目ごとにレベルを指定して、階層化すればよい。レベルは「Tab」キーか「ホーム」タブの「インデントを増やす」ボタンで下げることができる（**図8**）。レベルを上げるときは「Shift」+「Tab」キーか、ホーム」タブの「インデントを減らす」ボタンを押す（**図9**）。

Ⓦ 箇条書きの見出しだけを1行目に残す

⤷ **図7** 箇条書きの見出しだけを1行目に残し、説明文を2行目以降に送りたいときは、「Shift」+「Enter」キーで段落内改行を行う（❶❷）

Ⓦ 入れ子の箇条書きを作る

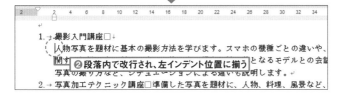

⤷ **図8** 箇条書きの階層を下げる場合は「Tab」キーを押す（❶）。字下げされ、記号や番号も階層に応じたものに変わる（❷）

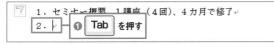

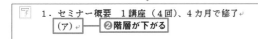

⤷ **図9** 階層を上げる場合は「Shift」+「Tab」キーを押す

Section 04

「スタイル」を使えば長文もサクサクとレイアウト

10分時短

　見出しが出てくるたびにフォントや段落の設定をするのは手間がかかるうえ、「この見出しだけ大きさが違う!」といったミスにもつながる。短い文書なら「書式のコピー」で揃えてもよいが、長文であれば「スタイル」機能を使うのが時短のポイントだ。ワードには、見出しや引用など、用途別のスタイルが既定で登録されているので、スタイルを選ぶだけで、さっと書式設定を済ませることができる(**図1**)。

　連続してスタイルを適用するなら、「スタイル」ウインドウを表示するとよい(**図2**)。パレットにはリボンより多くのスタイルが表示されるので選びやすい。

　スタイルには、「段落」「文字」「リンク(段落と文字)」の3種類がある。「リンク(段落と文字)」スタイルは、段落を選択していると段落全体にスタイルが適用されるが、文字列を選択しているとその文字列だけ書式が変わる。「文字」スタイルは文字書式のみのスタイルで、選択中の文字列のみ書式が変わる。「段落」スタイルは、文字列を選んでいても段落全体の書式が変わってしまうので注意が必要だ(**図3、図4**)。

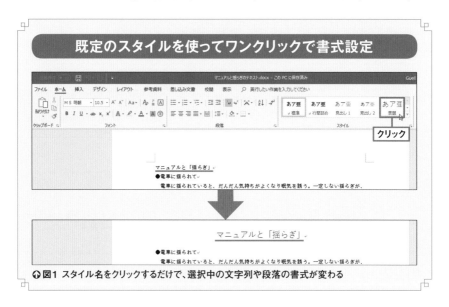

既定のスタイルを使ってワンクリックで書式設定

⬆**図1** スタイル名をクリックするだけで、選択中の文字列や段落の書式が変わる

Ⓦ スタイルを使うならリボンより「スタイル」ウインドウが便利

③「スタイル」ウインドウが表示される

表示するスタイルの種類や順序を指定

⤴➡ 図2「ホーム」タブで「スタイル」ボタンをクリックすると、「スタイル」ウインドウを表示できる（❶～❸）。スタイルパレットではリボンより多くのスタイル名が表示される。「オプション」ボタンをクリックして「表示するスタイル」を「すべてのスタイル」にすると、登録された全スタイルを表示できる

Ⓦ 段落スタイル、文字スタイルを使い分け

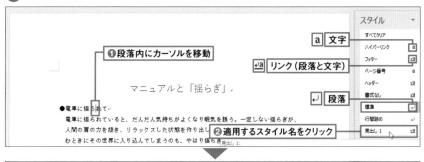

❶段落内にカーソルを移動

マニュアルと「揺らぎ」。

❷適用するスタイル名をクリック

a 文字
₊a リンク（段落と文字）
↵ 段落

❸段落全体の書式が変わる

⤴ 図3 段落書式を含めて適用するには、段落内にカーソルを置くか、段落記号まで含めて選択（❶）。「段落」か「リンク（段落と文字）」のスタイルを選ぶ（❷❸）。スタイルの種類は右端のアイコンでわかる

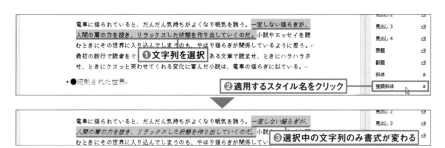

❶文字列を選択

❷適用するスタイル名をクリック

❸選択中の文字列のみ書式が変わる

⤴ 図4 一部の文字列だけスタイルを適用する場合は、文字列を選択して、「文字」か「リンク（段落と文字）」のスタイルを選択する（❶～❸）

スタイルなら最短で修正可能

　既定のスタイルを使うポイントは、用途優先で選ぶこと。見出しであれば、階層ごとに「見出し1」「見出し2」といったスタイルを適用する。「見出しはもっと目立たせたい」といった場合は、「スタイルセット」で文書全体の書式を一新できる（**図5、図6**）。

　スタイルごとに登録された書式を変更することも可能だ（**図7**）。文書全体の書式をスタイルでコントロールしていれば、「見出しは青じゃなくて緑！」といった急な指示があっても臨機応変に対応できる。

Ⓦ スタイルセットでイメージ一新

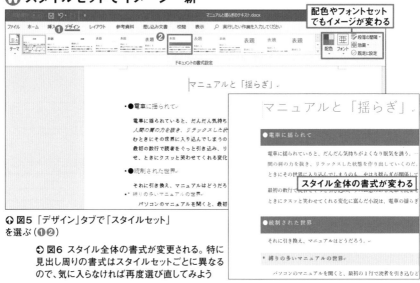

↑ **図5**「デザイン」タブで「スタイルセット」を選ぶ（**①②**）

↪ **図6** スタイル全体の書式が変更される。特に見出し周りの書式はスタイルセットごとに異なるので、気に入らなければ再度選び直してみよう

Ⓦ 既定のスタイルを「自分好みの書式」に変更

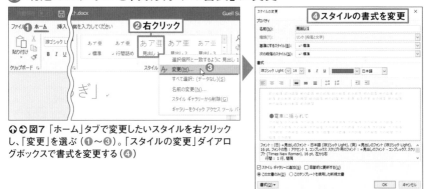

↑↪ **図7**「ホーム」タブで変更したいスタイルを右クリックし、「変更」を選ぶ（**①～③**）。「スタイルの変更」ダイアログボックスで書式を変更する（**④**）

新規にオリジナルスタイルを作成

　よく使う書式をオリジナルのスタイルとして登録しておけば、書式変更は確実に楽になる。登録したい書式を設定した文字列を選択して作業を始める（**図8、図9**）。スタイルギャラリー右下にある「その他」ボタンをクリックして、「スタイルの作成」を選ぶ。

　図9右では「基準にするスタイル」に「（スタイルなし）」を選択することで、独立したスタイルとして登録できる。例えば、「基準にするスタイル」を「標準」にした場合、「標準」スタイルを変更すると、連動して変更されてしまう。「（スタイルなし）」にしておけば、そのような意図しない変更を防げる。

　見出しのスタイルであれば、「次の段落のスタイル」として本文用のスタイルを指定しておくのも時短ポイント。そのスタイルを適用して見出しを入力後、改行すると自動的に本文用のスタイルに変わるので、スタイル切り替えの手間が省ける。

Ⓦ オリジナルのスタイルを新規作成

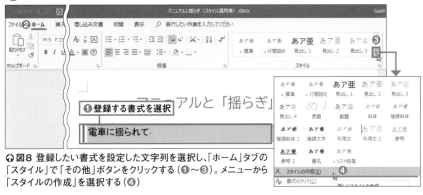

🔼**図8** 登録したい書式を設定した文字列を選択し、「ホーム」タブの「スタイル」で「その他」ボタンをクリックする（❶〜❸）。メニューから「スタイルの作成」を選択する（❹）

🔼🔽**図9** 「名前」にスタイル名を入力する（❶）。このまま「OK」ボタンを押して登録してもよいが、より便利に使いたいなら「変更」ボタンをクリックする（❷）。「基準にするスタイル」を「（スタイルなし）」に、「次の段落スタイル」を「標準」に変更する（❸〜❺）

Word

Section 05
グリッドへの吸着を解除して急に行間が広がるのを防ぐ

3分時短

　「文字の大きさを少し大きくしたら、行間が急に広がってビックリした」というのは、誰しも経験するトラブルだ。その原因は、ワードの標準が目に見えないグリッド線に合わせて行間が広がる設定になっているからだ。グリッド線は18ポイント間隔で設定されており、「表示」タブで「グリッド」を選ぶと表示できる（**図1**）。

　ワード標準の文字サイズは10.5ポイント、行間の設定は「1行」だ。18ポイント間隔というのは、標準の文字とその余白がギリギリ収まる間隔なので、文字サイズを11ポイントにするだけで収まらなくなり、次のグリッド線まで行間が広がってしまう。

　グリッド線に合わせる設定は、2段組みにしたときに左右の行を揃えるためなどに使われるが、通常の文書や行間を自由にコントロールしたいときには邪魔になってしまう。グリッド線に合わせる設定は、段落設定の画面で「1ページの行数を指定時に文字を行グリッド線に合わせる」をオフにすることで解除できる（**図2**）。「既定に設定」を選べば、以降作成する新規文書でもグリッド線への吸着が解除される。

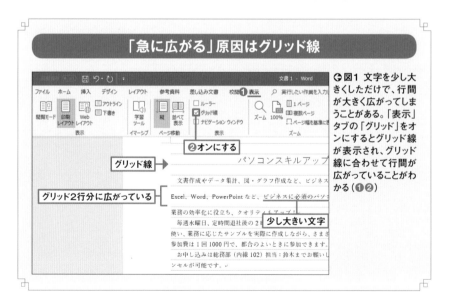

「急に広がる」原因はグリッド線

グリッド線

❷オンにする

グリッド2行分に広がっている

少し大きい文字

⟲**図1** 文字を少し大きくしただけで、行間が大きく広がってしまうことがある。「表示」タブの「グリッド」をオンにするとグリッド線が表示され、グリッド線に合わせて行間が広がっていることがわかる（❶❷）

グリッド線に合わせない設定にすると、本来の行間で文字列が表示される。ワードの初期設定となっている「1行」の行間は、文字の高さに適度な余白を加えた行間であり、フォントごとに微妙に異なる（**図3**）。「1行」だと詰まって見えるときには、「1.15」などの行間を選んで広げよう（**図4**）。

Ⓦ グリッド線に合わせる設定を解除する

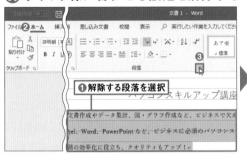

🔼🔽**図2** グリッド線に合わせる設定を解除する段落を選択する（❶）。「ホーム」タブで「段落の設定」ボタンをクリック（❷❸）。「1ページの行数を … 合わせる」をオフにして、「OK」ボタンを押す（❹❺）。以降もグリッド線に合わせないように初期設定を変えるなら「既定に設定」を押そう

Ⓦ 「1行」で窮屈なら倍数で調整

🔼**図3** グリッドへの吸着を解除すると、同じ「1行」でもフォントによって行間が異なることがわかる

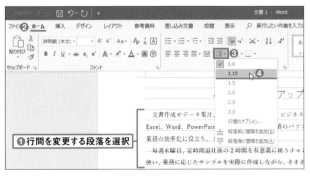

🔽**図4** 行間を変更する段落を選択し、「ホーム」タブの「行と段落の間隔」で「1.15」などの行間を指定する（❶〜❹）

Word

Section 06
思い通りの間隔にしたいなら 行間は「固定値」で数値指定

1分 時短

　初期設定では、行間は「1行」だ。1行といっても、文字の高さギリギリではなく、ワードが設定した「適度な余白」を加えた高さとなっている。そのため、同じサイズの文字でもフォントによって行間が違ったり、異なるサイズの文字が混じっていると大きな文字に合わせて行間が広がったりしてしまう。

　こうしたズレをなくし、指定した幅で行間を揃えたいなら、行間を「固定値」に設定する（図1）。文字のサイズが12ポイントで、半行分（6ポイント）の空きにしたいなら、行間を「18pt」にすればよい。「固定値」にすることで、文字の大きさにかかわらず同じ行間を保つことができる（図2）。

Ⓦ 行間を「固定値」で完全固定

❶変更する段落を選択

❹「固定値」に指定

❺間隔を「18pt」に指定

⬆⬇➡ **図1** 行間を変更する段落を選択し、「ホーム」タブの「段落の設定」ボタンをクリック（❶～❸）。「行間」を「固定値」に設定し、「間隔」に行の高さを入力する（❹❺）。指定できたら「OK」ボタンをクリック（❻）

➡ **図2** 行間が18ポイントに固定される。途中に大きな文字やルビ付きの文字があっても、行間は変わらない

行間ではなく段落間隔で メリハリを付ける

1分 時短

文字が多い文書では、行間が狭すぎれば窮屈になり、広げすぎればバラついて見える。行間を広げずに見やすくしたいなら、段落の間隔を広げてみよう（**図1**）。段落の区切りがわかりやすくなることで読みやすくなる。

「ホーム」タブの「行と段落の間隔」ボタンから「段落前に間隔を追加」か「段落後に間隔を追加」を選択すると簡単に広げられる（**図2、図3**）。詳細に指定する場合は、左ページ図1の手順で設定画面を開き、「段落前」「段落後」の間隔を指定すればよい。

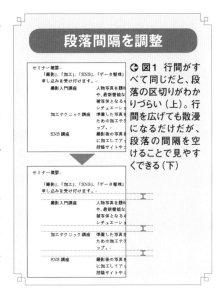

段落間隔を調整

○ **図1** 行間がすべて同じだと、段落の区切りがわかりづらい（上）。行間を広げても散漫になるだけだが、段落の間隔を空けることで見やすくできる（下）

第4章 見やすいレイアウトを最速で実現

段落前や段落後の空きを指定

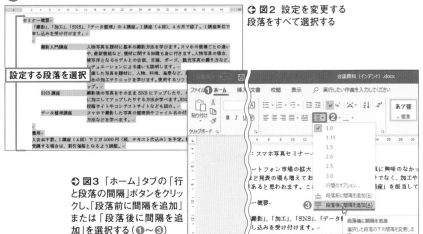

○ **図2** 設定を変更する段落をすべて選択する

設定する段落を選択

○ **図3** 「ホーム」タブの「行と段落の間隔」ボタンをクリックし、「段落前に間隔を追加」または「段落後に間隔を追加」を選択する（❶〜❸）

日付やファイル名は
ヘッダーやフッターで一括入力

　ビジネス文書では、作成年月日や文書名といった補足的な情報を、ページの欄外に表記することがよくある（**図1**）。これらの欄外文字は、「ヘッダー」と「フッター」の領域に入力しよう。ヘッダーはページ上部、フッターはページ下部の余白内に設定された別領域。本文を編集しても位置がずれる心配がなく、一度設定すれば全ページに自動的に表示されるので手間いらずだ。

　ヘッダーやフッターの入力は、専用の編集モードで行う。上下にある余白部分をダブルクリックすることで、編集モードが切り替わる（**図2〜図4**）。

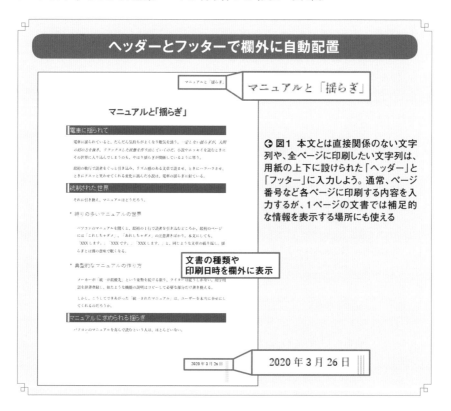

ヘッダーとフッターで欄外に自動配置

○ **図1** 本文とは直接関係のない文字列や、全ページに印刷したい文字列は、用紙の上下に設けられた「ヘッダー」と「フッター」に入力しよう。通常、ページ番号など各ページに印刷する内容を入力するが、1ページの文書では補足的な情報を表示する場所にも使える

**文書の種類や
印刷日時を欄外に表示**

↱**図2** 上か下の余白部分をダブルクリックすると(❶)、画面がヘッダーとフッターの編集モードに切り替わる
(❷)。本文は淡い表示になり、編集できなくなる。カーソルはヘッダーやフッターの1行目に表示され、文字を
入力できる。そのまま入力すると左端に入力されるが、右端をダブルクリックすると、文字を右寄せして入力で
きる。同様に中央部分をダブルクリックすると、文字は中央揃えで入力される

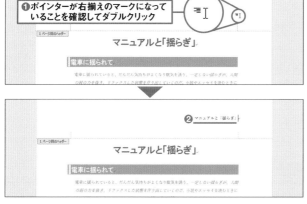

↰**図3** 行の中央や右端をダ
ブルクリックするときは、マウ
スポインターに「中央揃え」や
「右揃え」のマークが表示さ
れているのを確認する(❶)。
あとはカーソル位置から文字
を入力すればよい(❷)

↱**図4** 用紙の上端からヘッダーの1行目までの距離を「上からのヘッダー位置」で指定する(❶)。この例で
は文書の上余白が25ミリなので、バランスを考えて「12mm」にした。「フッターに移動」ボタンをクリックすると
(❷)、カーソルがフッターへ移動する

日付や文書タイトルをフッターに簡単入力

ビジネス文書でヘッダーやフッターに入れる文言には、日付、文書タイトル、作成者など、いくつかの定番がある。ヘッダーやフッターの編集中に表示される「ヘッダー /フッターツール」の「デザイン」タブには、こうした情報を自動入力するためのボタンがあるので、使ってみよう。

ファイル名や作成者など、ファイルのプロパティに登録されている情報は、「ドキュメント情報」から選択するだけで入力できる（**図5**）。凝った書式にしたいなら、「ヘッダー」や「フッター」を使うと、項目とデザインを組み合わせたスタイルから選択できる（**図6**）。日付はカレンダーから選ぶだけでよい（**図7**）。編集を終えるには、「ヘッダーとフッターを閉じる」ボタンをクリックするか、本文領域をダブルクリックする（**図8**）。

Ⓦ ヘッダー/フッターツールで入力の手間いらず

⊙**図5** ヘッダーかフッターの領域を選択中、「ヘッダー / フッターツール」の「デザイン」タブで「ドキュメント情報」をクリックすると、作成者やファイル名などを簡単に挿入できる（❶❷）

⊙**図6** 「ヘッダー /フッターツール」の「デザイン」タブで「ヘッダー」や「フッター」をクリックすると、登録されたスタイルからフッターを選択できる（❶～❸）。なお、「挿入」タブの「ヘッダー」「フッター」ボタンでも、同様の操作が可能

Ⓦ 日付はカレンダーから選択

↑図7 日付が入ったフッターの場合は、「[日付]」をクリックする（❶）。右側に表示される「▼」をクリックするとカレンダーが開くので（❷）、日付をクリックして選ぶと日付を入力できる（❸❹）

⊙図8 「ヘッダーとフッターを閉じる」ボタンをクリックするか、本文の領域をダブルクリックすると、通常の編集モードに戻る

コラム Column

文書の途中でヘッダー／フッターを切り替え

　長文の場合、章ごとにヘッダーやフッターを変更したいこともある。そんなときは、変更したい区切りの位置に「セクション区切り」を挿入する（**図A**）。「ヘッダー/フッターツール」の「デザイン」タブで「前と同じヘッダー/フッター」をオフにすれば、セクションごとにヘッダーとフッターを指定できるようになる（**図B**）。

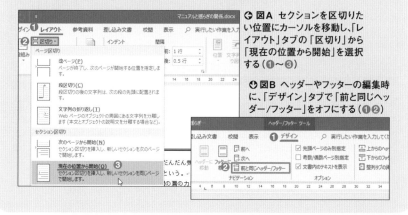

⊙図A セクションを区切りたい位置にカーソルを移動し、「レイアウト」タブの「区切り」から「現在の位置から開始」を選択する（❶〜❸）

⊙図B ヘッダーやフッターの編集時に、「デザイン」タブで「前と同じヘッダー/フッター」をオフにする（❶❷）

ページ番号は選ぶだけ
書式も開始番号も自在に設定

1分
時短

　ビジネス文書では、複数ページであればページ番号を付けるのがマナー。ページ番号は、「挿入」タブの「ページ番号」から、場所と書式を選んで挿入する（**図1**）。この方法であれば、わざわざヘッダーやフッターに移動しなくても、余白にページ番号を入れることができる。ページ番号だけのノーマルなものから、罫線などで飾ったものまで、さまざまなスタイルから選択可能だ。すべてのページに同じ書式で自動入力されるので、番号が飛ぶようなミスもない。

ページ番号は「挿入」タブからワンタッチ

「ヘッダー/フッターツール」タブが表示される

選んだ書式で全ページにページ番号が入る

◐◑ **図1** 「挿入」タブで「ページ番号」を選択する（❶❷）。ページ下部余白に入れる場合は「ページの下部」を選択し、デザインを選ぶ（❸❹）。フッターにページ番号が自動入力される

ページ番号機能なら変更も楽

　書式などの変更が楽にできるのも、ページ番号機能を使う利点の1つだ。書式を変えたいなら、どこかのページで変更すれば全ページに反映される（**図2**）。

　表紙にはページ番号を入れたくない場合は「ヘッダー／フッターツール」の「デザイン」タブで「先頭ページのみ別指定」にチェックを付ける（**図3**）。これで表紙のページ番号は消えるが、次のページ（本文の1ページ目）のページ数は「2」のままだ。ページ番号の設定画面を表示させ、開始番号を「0」にすることで、2ページ目のページ番号を「1」に変えられる（**図4**）。

Ⓦ ページ番号の変更は全ページに自動適用

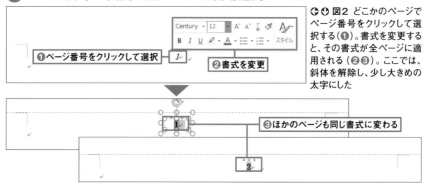

◁◑ 図2 どこかのページでページ番号をクリックして選択する（❶）。書式を変更すると、その書式が全ページに適用される（❷❸）。ここでは、斜体を解除し、少し大きめの太字にした

Ⓦ 開始ページや開始番号も設定可能

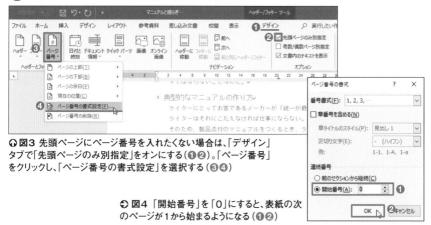

◑ 図3 先頭ページにページ番号を入れたくない場合は、「デザイン」タブで「先頭ページのみ別指定」をオンにする（❶❷）。「ページ番号」をクリックし、「ページ番号の書式設定」を選択する（❸❹）

◑ 図4「開始番号」を「0」にすると、表紙の次のページが1から始まるようになる（❶❷）

長い文章、小さい文字は段組みで読みやすく

　小さい文字がびっしりと詰まった文書は読みづらい。少しでも見やすくしようと思うなら、インデントや段組みを使って1行の文字数を減らすと読みやすくなる。

　段組みは、1行を2列以上に区切って表示する機能（**図1、図2**）。1行の文字数が減るのはもちろん、段の間隔がページ内に空白部分を作ることで詰まった印象を軽減できるというメリットもある。

　設定は簡単だ。「レイアウト」タブの「段組み」ボタンから、段の数を選ぶ（**図3、図4**）。文書全体を段組みにする場合はどこにカーソルがあってもよい。一部の段落だけを段組みにする場合は、対象となる段落を選択してから作業する（**図5**）。段組みの開始位置や段の幅などを指定する場合は、「段組みの詳細設定」を選択して表示されるダイアログボックスで設定する（**図6**）。

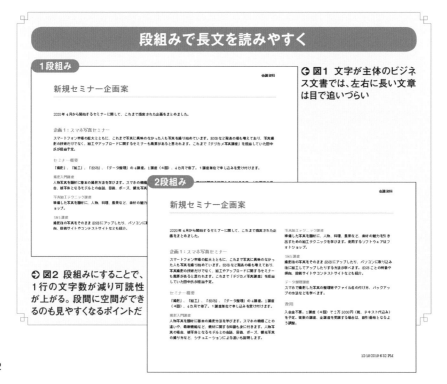

段組みで長文を読みやすく

1段組み

❸ **図1** 文字が主体のビジネス文書では、左右に長い文章は目で追いづらい

❸ **図2** 段組みにすることで、1行の文字数が減り可読性が上がる。段間に空間ができるのも見やすくなるポイントだ

2段組み

Ⓦ 文書全体を2段組みにする

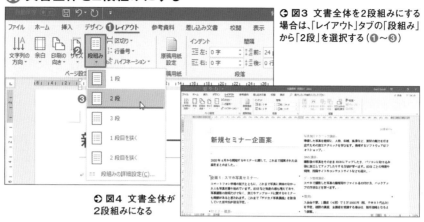

⤷ **図3** 文書全体を2段組みにする場合は、「レイアウト」タブの「段組み」から「2段」を選択する（❶～❸）

⤷ **図4** 文書全体が2段組みになる

Ⓦ 一部の段落を2段組みにする

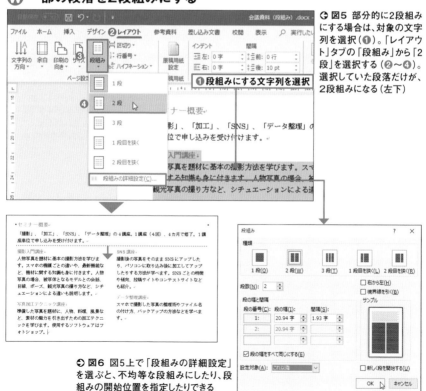

❶ 段組みにする文字列を選択

⤷ **図5** 部分的に2段組みにする場合は、対象の文字列を選択（❶）。「レイアウト」タブの「段組み」から「2段」を選択する（❷～❹）。選択していた段落だけが、2段組みになる（左下）

⤷ **図6** 図5上で「段組みの詳細設定」を選ぶと、不均等な段組みにしたり、段組みの開始位置を指定したりできる

罫線と背景色で
際立つ見出しを簡単作成

3分時短

通常のビジネス文書であれば色付けや飾りは無用だが、プレゼン時の企画書のように見た目が重要な文書もある。気の利いたタイトルデザインくらいは、パパッと作れるようにしておきたい。そこで役立つのが罫線機能だ。

見出しに線を引くとき、フォントの下線機能を使うと文字と線がくっついて見栄えが悪い（**図1**）。かといって図形の四角形を重ねると、ピタリと揃えるのが難しく、修正時にズレたりもする。罫線機能なら上下左右の好きな位置に罫線を引き、背景色も付けられる（**図2**、**図3**）。段落スタイルや書式のコピーにも対応しているので、繰り返し出てくる見出しでも安心して指定できる。

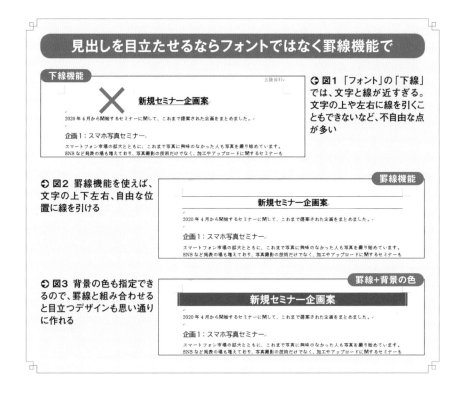

見出しを目立たせるならフォントではなく罫線機能で

下線機能

✕ 新規セミナー企画案

2020年4月から開始するセミナーに関して、これまで提案された企画をまとめました。

企画1：スマホ写真セミナー

スマートフォン市場の拡大とともに、これまで写真に興味のなかった人も写真を撮り始めています。SNSなど発表の場も増えており、写真撮影の技術だけでなく、加工やアップロードに関するセミナーも

◆**図1**「フォント」の「下線」では、文字と線が近すぎる。文字の上や左右に線を引くこともできないなど、不自由な点が多い

◆**図2** 罫線機能を使えば、文字の上下左右、自由な位置に線を引ける

罫線機能

新規セミナー企画案

2020年4月から開始するセミナーに関して、これまで提案された企画をまとめました。

企画1：スマホ写真セミナー

スマートフォン市場の拡大とともに、これまで写真に興味のなかった人も写真を撮り始めています。SNSなど発表の場も増えており、写真撮影の技術だけでなく、加工やアップロードに関するセミナーも

◆**図3** 背景の色も指定できるので、罫線と組み合わせると目立つデザインも思い通りに作れる

罫線＋背景の色

新規セミナー企画案

2020年4月から開始するセミナーに関して、これまで提案された企画をまとめました。

企画1：スマホ写真セミナー

スマートフォン市場の拡大とともに、これまで写真に興味のなかった人も写真を撮り始めています。SNSなど発表の場も増えており、写真撮影の技術だけでなく、加工やアップロードに関するセミナーも

設定する際は、段落記号まで含めて段落全体を選択するのがコツだ（**図4**）。文字単位で選択すると、文字を囲む罫線になってしまう。「罫線」で「下罫線」を指定すると、文字から少し離れた位置に、左右の余白まで罫線を引くことができる。「上罫線」も同様に指定できるので、手軽に目立つタイトルを作れる（**図5**）。文字列が上下の罫線のどちらかに寄ってしまう場合は、段落設定で「1ページの行数を指定時に文字を行グリッド線に合わせる」をオフにしてみよう（122ページ）。

　段落全体に上下の罫線を指定すると、左右の余白までの罫線になる。長すぎる場合は、インデント機能で余白を広げることで罫線を短くすることもできる（**図6**）

Ⓦ 段落の上下に罫線を引く

⊖ **図4** 設定したい段落の左側をクリックし、全体を選択する（❶）。「ホーム」タブの「罫線」メニューから付けたい線を選ぶ（❷～❹）。この例では「下罫線」を選んだので、段落の下に罫線が表示される（❺）

⊖**図5** この例では上にも線を引きたいので、「罫線」メニューから「上罫線」を選ぶ（❶❷）。段落の上にも罫線が表示される（❸）

Ⓦ インデントで罫線の長さをコントロール

⊕**図6** ルーラーを表示させ、「左インデント」と「右インデント」をドラッグして罫線の長さを調整する

複数段落を罫線でまとめる

　サブタイトルやリードが付く場合、左右の罫線を付けるとタイトルとのまとまりが出る。黒い細枠では味気ないので、太めの青いラインを左右に設定してみよう。

　線の種類を指定する場合は、「罫線」ボタンで「線種とページ罫線と網かけの設定」ダイアログボックスを表示する（**図7**）。左右だけに罫線を引くには、「種類」で「指定」を選択し、線の種類、色、太さを指定する（**図8**）。「プレビュー」にあるボタンで左右の罫線だけを指定すれば設定完了。段落の左右のみに罫線が引ける（**図9**）。

Ⓦ 色付きの罫線や太い罫線を指定

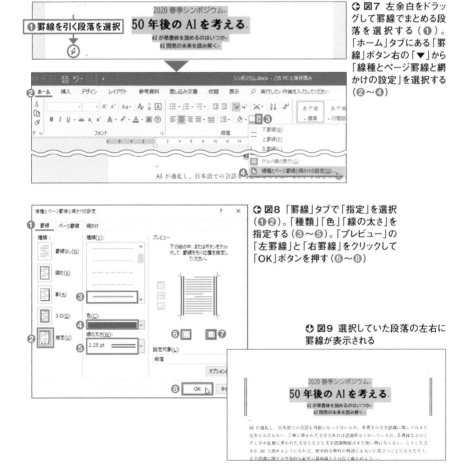

◆図7　左余白をドラッグして罫線でまとめる段落を選択する（①）。「ホーム」タブにある「罫線」ボタン右の「▼」から「線種とページ罫線と網かけの設定」を選択する（②〜④）

◆図8　「罫線」タブで「指定」を選択（①②）。「種類」「色」「線の太さ」を指定する（③〜⑤）。「プレビュー」の「左罫線」と「右罫線」をクリックして「OK」ボタンを押す（⑥〜⑧）

◆図9　選択していた段落の左右に罫線が表示される

背景色と罫線で目立つタイトルに

　文字列に背景色を付けるには、罫線機能で「網かけ」(塗り色)を指定する。罫線や文字色と組み合わせれば、凝ったタイトルも作れそうだ。

　「線種とページ罫線と網かけの設定」ダイアログボックスで「網かけ」タブを選び、背景色を指定する(**図10**)。この例では罫線も指定した(**図11**)。左揃えのタイトルでは、罫線と文字がくっつきすぎることがあるので、文字と罫線の間隔を広げるとよい(**図12**)。背景色が濃い場合は文字色を白や黄色にすると読みやすい(**図13**)。

Ⓦ 段落に背景色を設定

↩ **図10** 背景色を指定する場合は、図8の画面で「網かけ」タブを選択(❶)。「背景の色」を指定する(❷)

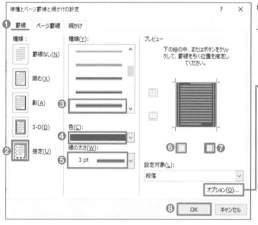

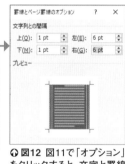

↩ **図11** 「罫線」タブで「指定」を選択する(❶❷)。「種類」「色」「線の太さ」を指定して左右の罫線を付ける(❸～❽)

↑ **図12** 図11で「オプション」をクリックすると、文字と罫線の間隔を指定できる

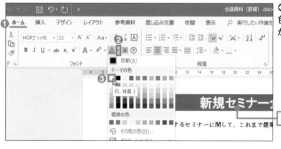

↩ **図13** 背景の色が濃いので、文字色を「白」に設定する(❶～❸)。文字が白になると、読みやすくなる(❹)

❹文字色が白になった

縦横混在もコラム作りも テキストボックスで解決

1分 時短

　1つの文書の中で縦書きと横書きを混在させたり、本文から独立したコラムを作ったりするとき、役に立つのがテキストボックスだ。テキストボックスは文字を入力できる特殊な枠で、文書内の好きな場所に配置できる。縦書き用と横書き用があり、色やサイズも指定できるので、変則的なレイアウトが簡単に作れる（**図1**、**図2**）。

　横書きのコラムなら、「挿入」タブの「図形」から「テキストボックス」（横書き用）を選択し、ドラッグで位置を指定する（**図3**）。ボックス内にカーソルが表示されるので、そのまま文字を入力すればよい。中の文字列に合わせてテキストボックスの大きさを調整するには、上下左右と四隅にあるハンドル（小さい円）をドラッグする。

　初期設定では、黒枠の四角形になっているので、「図形のスタイル」から目的に応じた色や枠線を指定する（**図4**）。本文とコラムが重なっている場合は、「レイアウトオプション」を使ってテキストボックスの周囲に本文を回り込ませる（**図5**）。

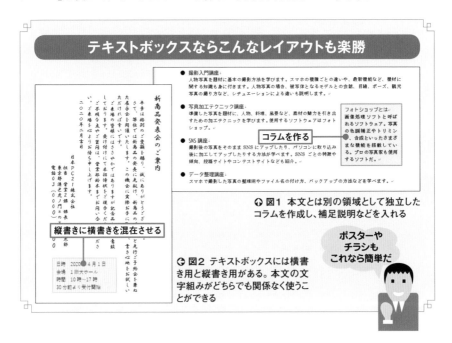

テキストボックスならこんなレイアウトも楽勝

● 撮影入門講座:
人物写真を題材に基本の撮影方法を学びます。スマホの機種ごとの違いや、最新機能など、機材に関する知識も身に付きます。人物写真の場合、被写体となるモデルとの会話、目線、ポーズ、観光写真の撮り方など、シチュエーションによる違いも説明します。

● 写真加工テクニック講座:
準備した写真を素材に、人物、料理、風景など、素材の魅力を引き出すための加工テクニックを学びます。使用するソフトウェアはフォトショップ。

● SNS講座:
撮影後の写真をそのままSNSにアップしたり、パソコンに取り込み後に加工してアップしたりする方法が学べます。SNSごとの特徴や傾向、投稿サイトやコンテストサイトなども紹介。

● データ整理講座:
スマホで撮影した写真の整理術やファイル名の付け方、バックアップの方法なども学べます。

コラムを作る

フォトショップとは=画像処理ソフトと呼ばれるソフトウェア。写真の色調補正やトリミン 合成といったさまざまな機能を搭載しているソフトだ。

⬆ 図1 本文とは別の領域として独立したコラムを作成し、補足説明などを入れる

縦書きに横書きを混在させる

新商品発表会のご案内

拝啓　格別のご厚情を賜り、誠にありがとうございます。平素は何かとお世話になり、厚く御礼申し上げます。さて、弊社では新商品の発売に先立ち、下記のとおり発表会を開催いたします。この機会にぜひともご来場いただきまして、ご高覧賜りますようお願い申し上げます。

二〇二〇年二月吉日

日本PC21株式会社
営業2課　課長表
東京都港区虎ノ門の
電話03（0000）

★太郎

敬具

記

日時　2020年4月1日
会場　1階大ホール
時間　10時〜17時
30分前より受付開始

と先行ご予約のご案内も書き込みもお試し

⬅ 図2 テキストボックスには横書き用と縦書き用がある。本文の文字組みがどちらでも関係なく使うことができる

ポスターやチラシもこれなら簡単だ

📝 新しいテキストボックスを作成

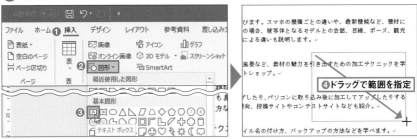

⬆ **図3** 「挿入」タブの「図形」から「テキストボックス」を選択（❶～❸）。コラムを作りたい位置をドラッグで指定し（❹）、ボックスができたら文字を入力して文字列に合わせてボックスの大きさを調整する

📝 テキストボックスの罫線と塗り色を設定

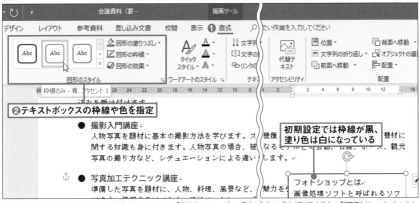

⬆ **図4** テキストボックスの枠線をクリックし、「描画ツール」の「書式」タブを選択（❶）。「図形のスタイル」から好みのデザインを選ぶか、「図形の塗りつぶし」や「図形の枠線」で色や線を指定する（❷）

📝 本文をテキストボックスの周囲に回り込ませる

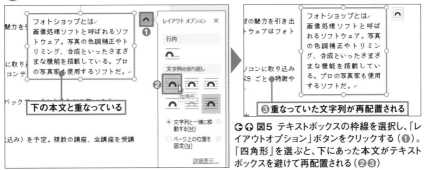

⬅⬆ **図5** テキストボックスの枠線を選択し、「レイアウトオプション」ボタンをクリックする（❶）。「四角形」を選ぶと、下にあった本文がテキストボックスを避けて再配置される（❷❸）

中央揃え、右揃えは
ダブルクリックで切り替え

1分
時短

　ワードの基本は「左揃え」だが、見出しは中央揃え、日付は右揃えにするのがビジネス文書の基本だ。行揃えが変わるたびに「中央揃え」や「右揃え」のボタンを押す手間を省くのが、「クリック・アンド・タイプ」だ。

　右揃えで入力したいなら、行の右端付近にマウスポインターを合わせ、ポインターに右揃えのマークが表示されたところでダブルクリックする（**図1**）。これでカーソルが右端に移動するので、そのまま入力すればよい。

　クリック・アンド・タイプは、カーソルを左右に移動するだけではない。「2～3行空けて入力したい」といった場合は、「この辺かな」と思うあたりでダブルクリックしてみよう（**図2**）。すると、その位置にカーソルが移動する。

Ⓦ 右揃えにするなら右端でダブルクリック

◎ **図1** 新規文書は「左揃え」が基本だ。右揃えにするなら、右端にマウスポインターを合わせる。カーソルに「右揃え」のマークが出た位置でダブルクリックするのがコツだ（❶❷）

Ⓦ タイトルは少し下に中央揃え

◎ **図2** 中央揃えのタイトルを入力する。日付とは少し空けたいので、2行くらい下の中央をダブルクリック（❶）。するとその位置にカーソルが置かれ、間には空白行が挿入される（❷）

Word

第5章

画像や図形を
手早く挿入&配置

ビジネス文書といえど、写真や概念図を使ってわかりやすく示す必要はある。例えば、写真は貼り付けただけでは自由な場所に移動することさえできないが、作法がわかれば移動も切り抜きも自由自在だ。余計な時間をかけず、必要な図版を文書に入れるための知識を身に付けよう。

- ●写真を自由に動かせない原因と対処法
- ●図形をキレイに描く、均等に並べる
- ●作図はオブジェクトの順番を意識する
- ●組織図や概念図を簡単に作れる便利機能　ほか

画像の配置設定は 「行内」ではなく「四角」に

3分 時短

　文書に写真を挿入した後、思い通りにいかなくて苦労した経験はあるだろう。写真の横には大きな空白ができるし、ドラッグ・アンド・ドロップで自由に移動できない（**図1**）。これは、画像挿入時の「レイアウトオプション」が「行内」になっているのが原因だ。画像が1つの文字と同等に扱われるため、設定によっては行間が大きく広がったり、逆に行間が固定されている場合は画像が一部しか見えなかったりする（**図2**）。

　この問題は、「文字列の折り返し」を「四角（四角形）」に設定することで解消する（**図3～図5**）。画像が文字とは別のものとして扱われ、画像の周囲に文字が回り込む。画像をドラッグで移動するとそれに連れて回り込んだ文字も再配置される。

　画像と文字との間隔は、レイアウトオプションの「詳細表示」から設定できる。「文字列の折り返し」タブで上下左右の間隔を指定する（**図6**）。

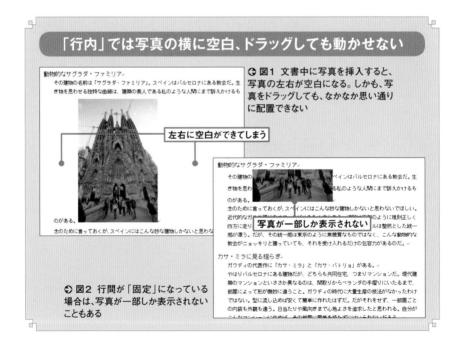

「行内」では写真の横に空白、ドラッグしても動かせない

⊕ **図1** 文書中に写真を挿入すると、写真の左右が空白になる。しかも、写真をドラッグしても、なかなか思い通りに配置できない

左右に空白ができてしまう

写真が一部しか表示されない

⊕ **図2** 行間が「固定」になっている場合は、写真が一部しか表示されないこともある

Ⓦ 「文字列の折り返し」を「四角（四角形）」に変更

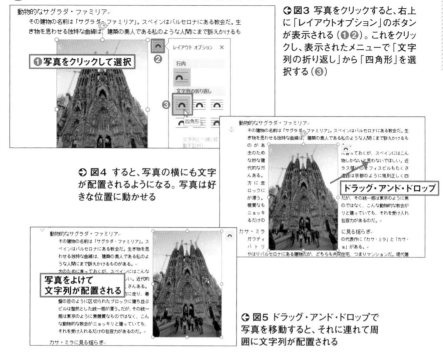

❶ 写真をクリックして選択

❷

❸

❸図3 写真をクリックすると、右上に「レイアウトオプション」のボタンが表示される（❶❷）。これをクリックし、表示されたメニューで「文字列の折り返し」から「四角形」を選択する（❸）

❸図4 すると、写真の横にも文字が配置されるようになる。写真は好きな位置に動かせる

ドラッグ・アンド・ドロップ

写真をよけて
文字列が配置される

❸図5 ドラッグ・アンド・ドロップで写真を移動すると、それに連れて周囲に文字列が配置される

Ⓦ 文字列と画像との間隔を調整

❷

❶ 写真をクリック

❸

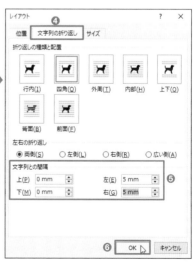

❹ ❺ ❻ レイアウト

⬆❸図6 写真をクリックし、レイアウトオプションのボタンをクリックする（❶❷）。「詳細表示」を選択して、「文字列の折り返し」タブを選択する（❸❹）。「文字列との間隔」で文字と写真の間隔を指定したら「OK」ボタンを押す（❺❻）

レイアウトオプションで変わる画像と文字の関係

　レイアウトオプションでは、「行内」「四角（四角形）」「外周（狭く）」「内部」「上下」「背面」「前面」の7種類が選べる。初期設定は「行内」なので、画像が文字と同じように行内に挿入され、文字がある場所にしか移動できない。そのほかのオプションは、以下のように文字列の配置が変わる（**図7〜図12**）。「行内」以外であれば、画像をドラッグ・アンド・ドロップで移動することが可能だ。

Ⓦ 6つのレイアウトオプションの違い

四角（四角形）

↥ **図7** 画像の周囲に四角形の余白を作って文字列を配置する

外周（狭く）

↥ **図8** 画像の形に合わせて文字列を配置する。長方形の画像では「四角形」と変わらない

内部

↥ **図9** 「外周」とほぼ同様。「折り返し点の編集」を行うと、画像の内部まで文字列が回り込む

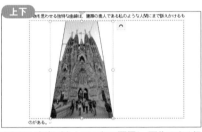

上下

↥ **図10** 文字列を上下の行に配置し、画像のある行には文字列が入らない

背面

↥ **図11** 文字列の背面に画像を配置。文字と画像が重なるため、どちらかを薄い色にしないと文字が読みづらい

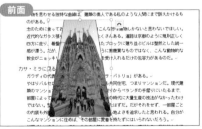

前面

↥ **図12** 文字列の前面に画像を配置。文字と画像が重なるため、画像の「透明度」を上げない限り文字が読めない

挿入時のレイアウトオプションを「四角」に設定

　レイアウトオプションの初期設定は「行内」になっているが、ほかのオプションに変えることが多いなら、よく使うレイアウトオプションを既定にすることで、変更する手間を省こう。設定済みの画像があるなら、その画像を選択して「図ツール」の「書式」タブで「文字列の折り返し」から「既定のレイアウトとして設定」を選ぶ（**図13**）。ワードのオプション設定からレイアウトオプションの設定を変更しても、初期設定を変更できる（**図14**）。ただし、既定として設定できるのは画像を挿入する形式のみで、文字列との間隔などはその都度指定する必要がある。

Ⓦ よく使うレイアウトオプションを既定に設定

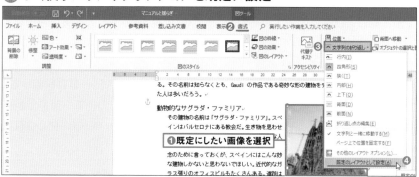

↥ **図13** 既定にしたいレイアウトオプションを設定した画像があるなら、その画像を選んで「図ツール」の「書式」タブをクリックする（❶❷）。「文字列の折り返し」から「既定のレイアウトとして設定」を選択する（❸❹）

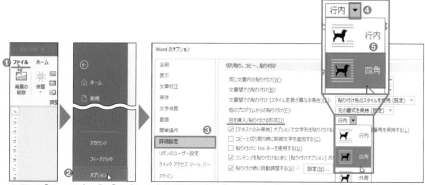

↥ **図14**「ファイル」タブで「オプション」を選択（❶❷）。「Wordのオプション」画面で「詳細設定」を開き、「図を挿入／貼り付ける形式」欄を「行内」から「四角」に変更すると（❸〜❺）、最初から「四角」の形式で写真が挿入される

勝手に動く画像を
指定した位置に固定

　画像のレイアウトオプションで「行内」を選んだ場合はもちろん、「四角」や「背面」などを選択した場合でも、文章を追加したときに画像の位置が勝手に動いたり、文章を削除したら画像まで消えるといったトラブルが発生する（**図1**）。

　ページ内の画像は特定の段落に連結されていて、その段落と一緒に動く仕組みになっている。説明文と画像といった組み合わせであれば、文章の増減に応じて画像が移動してくれるのは便利なのだが、デザイン重視で「ページの中央に画像を貼りたい」といった場合に勝手に動かれては困ってしまう。

　連結された段落は、画像の選択時に表示される「アンカー」記号で、確認できる（**図2**）。画像が動くと困る場合は、レイアウトオプションで「文字列と一緒に移動する」ではなく、「ページ上の位置を固定」を選ぶ。これでページ内での位置を固定できる。ただし、連結先の段落が次のページに移動すると、画像も次のページの同じ位置に移動する。また、連結先の段落を削除すれば画像も消えるので注意しよう。

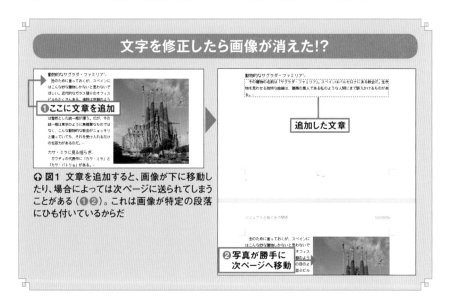

文字を修正したら画像が消えた!?

❶ここに文章を追加

↑ **図1** 文章を追加すると、画像が下に移動したり、場合によっては次ページに送られてしまうことがある（❶❷）。これは画像が特定の段落にひも付いているからだ

追加した文章

❷写真が勝手に
次ページへ移動

画像の配置は、「ページの真ん中」や「左上隅」にピタリと揃えたり、「上から30ミリ」のように数値で正確に指定したりもできる。レイアウトオプションが「四角」でよければ、「位置」から揃えたい配置を選ぶ（**図3**）。ほかのレイアウトオプションを使う場合や、数値で指定する場合には、「その他のレイアウトオプション」から指定するとよい。

Ⓦ ページ内の特定の位置に画像を固定

⬆ 図2　画像をクリックすると、連結された段落を示す「アンカー」が表示される。レイアウトオプションから「ページ上の位置を固定」を選択すると（❶〜❸）、文章を追加しても写真が動かなくなる

Ⓦ ページの右上隅に画像を固定

⬆ 図3　画像をクリックし、「図ツール」の「書式」タブで「位置」をクリックする（❶〜❸）。「右上に配置し、四角の枠に…」を選択すると、画像がページ内の右上に移動し、文字列の折り返しは「四角」になる（❹）

図形を描く際のポイントは「Shift」キーと「Ctrl」キー

3分 時短

　ビジネス文書で凝ったイラストを使うことは少ないかもしれないが、円や四角形などでタイトルを装飾したり、簡単な説明図を作ったりできると、作成できる文書の幅が広がる。ワードには円や四角形などの基本図形だけでなく、吹き出しや矢印なども豊富に揃っており、ドラッグするだけで文書中の好きな位置に描くことができる。どうせなら、同じ手間できれいに描けるコツをつかむと、修正の時間を減らすことができる。そのポイントが、「Shift」キーと「Ctrl」キーの使い方だ。

　図形を描く際、「Shift」キーを押していると、正円や正方形など縦横が等しい図形を描けるのはよく知られた機能だ（**図1**）。「Ctrl」キーを押しながらドラッグすれば、中心から図形を描けるので、文字を囲む図形を描くときなどに重宝する（**図2**）。

Ⓦ 「Shift」キーで正円や正多角形を描く

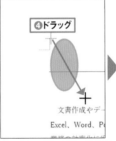
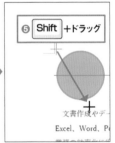

⬆ 図1 「挿入」タブの「図形」から「楕円」を選択する（❶〜❸）。ドラッグすると楕円を描ける（❹）。「Shift」キーを押しながらドラッグすると、正円を描ける（❺）

Ⓦ 「Ctrl」キーで図形を中心から描く

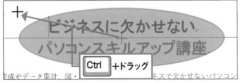

⬆ 図2 図形を描くときに、通常のドラッグでは対角線を描くようにドラッグするが（左）、「Ctrl」キーを押しながらドラッグすると、中心から図形を描くことができる（右）

サイズ変更時も役立つ「Shift」キーと「Ctrl」キー

描いた図形を選択すると、上下左右と四隅にハンドル（小さい円）が表示される。このハンドルをドラッグすることでサイズを変更できるのだが、サイズ変更の方法は写真などの画像ファイルと図形とで異なるので注意が必要だ。

画像の場合、四隅にあるハンドルをドラッグすると縦横比を変えずにサイズ変更ができる（**図3**）。図形の場合は四隅のハンドルをドラッグすると縦横比が変わってしまうので、縦横比を変えたくない場合は「Shift」キーを押しながらドラッグする（**図4**）。また、「Ctrl」キーを押せば、図形の中心を動かさずにサイズ変更ができる（**図5**）。

Ⓦ 「Shift」で縦横比を変えず、「Ctrl」で中心を変えずにサイズ変更

↪ **図3** 画像の場合、四隅のハンドルをドラッグすると、縦横比を変えずにサイズを変えられる

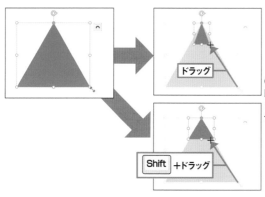

↪ **図4** 図形の場合、四隅のハンドルをドラッグすると縦横比が変わってしまう（上）。しかし、「Shift」キーを押しながらドラッグすれば縦横比は変わらない（下）

↪ **図5** サイズは変えたいが、図形の中心が動くと困る場合は、「Ctrl」キーを押しながらドラッグしよう

Word

Section 04

複数の図形や画像を
ワンタッチで整然と配置

**3分
時短**

　図形はドラッグで移動できるが、ドラッグ操作で複数の図形をきれいに並べるのには時間がかかる。ましてや複数の図形を均等な間隔で並べるのは手作業では無理がある。図形の上下を揃えたり、均等に配置したりするなら、「配置」機能を使えば簡単にピタリと揃えることができる（**図1**）。

　複数の図形を揃えるには、まず揃える図形を選択しなくてはならない。最初の図形をクリックで選択し、2個目以降は「Shift」キーまたは「Ctrl」キーを押しながらクリックすれば、複数の図形を選択できる。選択したい図形が多い場合は、「選択」ツールを使うとまとめて選択できる（**図2**）。

　選択後、図形を縦中央に揃えて等間隔で並べるのなら、「配置」から「左右中央揃え」を選び、「上下に整列」を選べばよい（**図3**）。

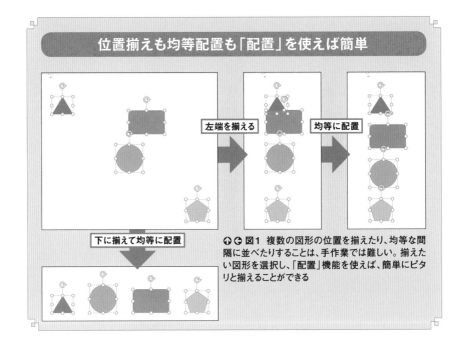

位置揃えも均等配置も「配置」を使えば簡単

左端を揃える

均等に配置

下に揃えて均等に配置

↑ ↓ **図1** 複数の図形の位置を揃えたり、均等な間隔に並べたりすることは、手作業では難しい。揃えたい図形を選択し、「配置」機能を使えば、簡単にピタリと揃えることができる

図形をドラッグで移動するときに「Shift」キーを押していると移動方向を水平・垂直に固定できる。また、「Ctrl」キーを押していると移動ではなくコピーになる。水平・垂直方向に同じ図形を複数並べるには、1つめの図形を描いた後、「Shift」キーと「Ctrl」キーを押しながらドラッグすればよい（**図4**）。

Ⓦ 「選択」ツールで一括選択

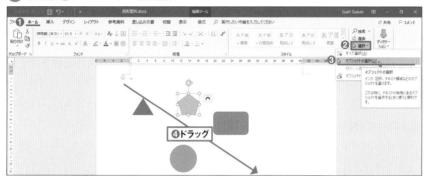

🔾 **図2**「ホーム」タブの「選択」から「オブジェクトの選択」を選ぶ（❶〜❸）。選択する図形を囲む長方形を描くようにドラッグする（❹）。さらに追加したい図形や、選択を解除したい図形があれば、「Shift」キーを押しながらクリックする

Ⓦ 「配置」を使って左右中央揃え→均等配置

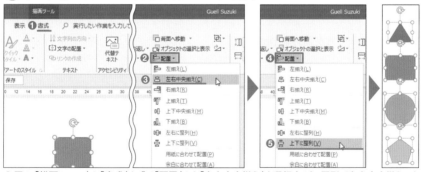

🔾 **図3**「描画ツール」の「書式」タブで「配置」から「左右中央揃え」を選択すると、図形が左右中央揃えになる（❶〜❸）。続いて「配置」から「上下に整列」を選択すると、図形の間隔が均等に揃う（❹❺）

Ⓦ 「Shift」＋「Ctrl」＋ドラッグで横並びの図形を作成

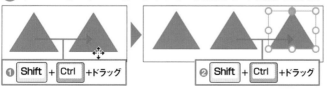

🔾**図4** 水平・垂直に図形をコピーして並べるには、「Shift」キーと「Ctrl」キーを押しながらドラッグする（❶❷）

Word

Section 05

円形や星形に切り抜きも 写真を一瞬でトリミング

1分 時短

写真はただ貼ればよいというものではない。何を見せたいかがわかるよう、必要な部分だけをトリミング（切り取り）することも重要だ。パンフレットなど、印象やデザインが重要視される文書では、写真を円形や星形に切り抜いたり、写真の周囲をぼかしてなじませたりといったテクニックが求められることもある。そんなときも心配ご無用。「図のスタイル」と「トリミング」機能を使えば、豊富なデザインや切り抜きたい図形を選ぶだけで自由に写真を切り取れる（**図1**）。

通常のトリミングでは、長方形で切り抜くことしかできない（**図2**）。円形、角丸、ぼかし、影付きなどは、「図のスタイル」から選べばトリミングと特殊効果を同時に設定できる（**図3**）。選んだスタイルが気に入らなければ、何度でも選び直したり、枠線、色、効果などを個別に指定することもできるので、気軽に選んでみよう。

吹き出しや星形など、「図のスタイル」にはない形で写真を切り抜くなら、「図形に合わせてトリミング」から、形状を選択する（**図4**）。「図のスタイル」を選択後に「図形に合わせてトリミング」で形状を選べば、枠線や効果などがそのまま残るので、ちょっと変わったフレームが簡単に作れる。

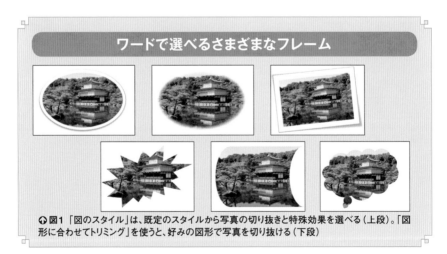

ワードで選べるさまざまなフレーム

⬆**図1** 「図のスタイル」は、既定のスタイルから写真の切り抜きと特殊効果を選べる（上段）。「図形に合わせてトリミング」を使うと、好みの図形で写真を切り抜ける（下段）

Ⓦ 基本のトリミングで必要な部分だけを切り取る

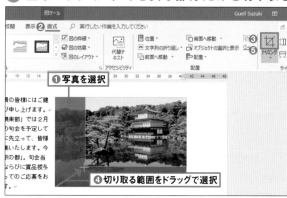

❶写真を選択

❹切り取る範囲をドラッグで選択

↩ **図2** トリミングする写真を選択し、「図ツール」の「書式」タブで「トリミング」（上の部分）をクリックする（❶〜❸）。切り取りたい部分の端にマウスポインターを合わせ、内側に向けてドラッグして切り取り範囲を指定する（❹）。範囲が確定したら、再度「トリミング」をクリックする（❺）

Ⓦ 「図のスタイル」で効果付きフレームを選択

⬆ **図3** 写真を選択し、「図ツール」の「書式」タブで「図のスタイル」の「その他」ボタンをクリックする（❶❷）。スタイル一覧からフレームを選択すると、選んだスタイルで写真が切り抜かれ、効果や枠線が適用される（❸）

Ⓦ 吹き出しや星形に切り抜く

⬆ **図4** 写真を選択し、「図ツール」の「書式」タブで「トリミング」（下の部分）をクリックする（❶〜❸）。「図形に合わせてトリミング」から切り抜く図形を選択する（❹❺）

図形や吹き出しの中には 直接文字を入力できる

　ポイントになる文字列を枠で囲んだり、吹き出しで目立たせたりするのはよくあることだが、吹き出しを描くときに「吹き出し」の図形とテキストボックスを組み合わせているなら、使い方を間違えている。なぜなら、ワードで描ける吹き出しなどの図形は、直接文字を入力できるからだ（**図1**）。

　図形を描いたら、そのまま文字を入力するだけでテキストボックスに早変わり（**図2**）。図形内に文字が表示される。形が気に入らないときには、図形を選び直せば、中の文字はそのままで形だけを変えることができる（**図3**）。

　なお、吹き出しの場合、ほかの画像と違って吹き出し口の位置を調整することができる。吹き出しだけに表示される黄色いハンドルをドラッグして、吹き出しの方向を調整しよう（**図4**）。

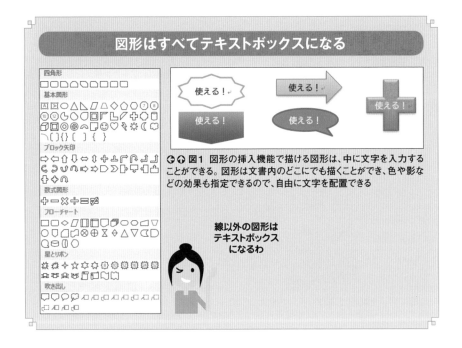

図形はすべてテキストボックスになる

○↑**図1** 図形の挿入機能で描ける図形は、中に文字を入力することができる。図形は文書内のどこにでも描くことができ、色や影などの効果も指定できるので、自由に文字を配置できる

線以外の図形は
テキストボックス
になるわ

Ⓦ 図形の中に文字を入力

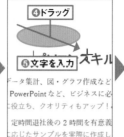

⬆ 図2 「挿入」タブの「図形」から「楕円」を選択する（❶〜❸）。ドラッグで楕円を描いたら、中に入れる文字を入力する（❹❺）

Ⓦ 枠だけを別の図形に変更する

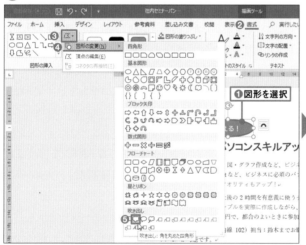

⬆ 図3 図形を選択したら、「描画ツール」の「書式」タブで「図形の編集」ボタンをクリックし、「図形の変更」を選ぶ（❶〜❹）。一覧から変更後の図形を選択すると、枠の形が変わる（❺）

Ⓦ 吹き出しの方向を調整する

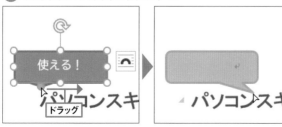

⬅ 図4 吹き出しに表示される黄色いハンドルをドラッグして、吹き出しの向きを調整する

図形内のテキストを 読みやすくキレイに配置

　図形の中に入力した文字列は、はみ出したり、偏ったりせず、きれいに収めたいものだ。しかし、図形のサイズ調整でピタリと合わせるのは意外に難しい。手間を省いてきれいに見せたいなら、文字列の配置を調整するのがお勧めだ。

　文章を入力することが多いテキストボックス（横書き）では、文字列が左上から表示される（図1）。図形の場合は単語を入力すると想定されているせいか、文字列は中央に表示される。文字列が偏って見える図形の場合は調整が必要だ。

　文字配置を調整する方法はいくつかあるが、複数の図形を続けて調整したり、文字配置と余白をまとめて調整したりするなら、「図形の書式設定」ウィンドウを開こう（図2）。文字が少しはみ出す程度なら余白を狭めるだけできれいに収まる。

　テキストボックスでは文字列が上揃えで表示されるのだが、コラムなどに使うなら「上下中央揃え」にしたほうが見た目が良い（図3、図4）。

　文字列がどちらかに寄って見える図形では、余白を調整することでバランスを整えることができる（図5）。「図形の書式設定」ウィンドウは「閉じる」ボタンを押すまで開いたままなので、連続して図形の書式設定を変更するときに便利だ。

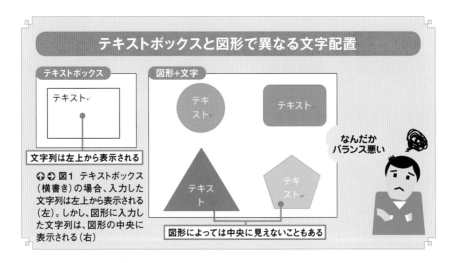

テキストボックスと図形で異なる文字配置

テキストボックス

テキスト

文字列は左上から表示される

図形+文字

テキスト

テキスト

テキスト

テキスト

なんだか バランス悪い

↑ ↓ 図1　テキストボックス（横書き）の場合、入力した文字列は左上から表示される（左）。しかし、図形に入力した文字列は、図形の中央に表示される（右）

図形によっては中央に見えないこともある

🅦 文字列が少しはみ出すなら余白を狭めて調整

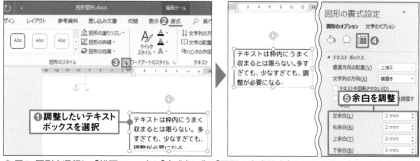

⤴ **図2** 図形を選択し、「描画ツール」の「書式」タブで「図形の書式設定」をクリックする（❶〜❸）。画面右側に表示される「図形の書式設定」ウィンドウで「レイアウトとプロパティ」を選択し、余白を狭くする（❹❺）

🅦 文字数が少ないテキストボックスは「中央揃え」で表示

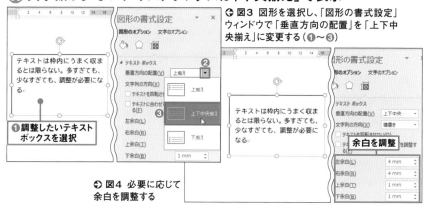

➡ **図3** 図形を選択し、「図形の書式設定」ウィンドウで「垂直方向の配置」を「上下中央揃え」に変更する（❶〜❸）

➡ **図4** 必要に応じて余白を調整する

🅦 配置の偏りを余白で調整

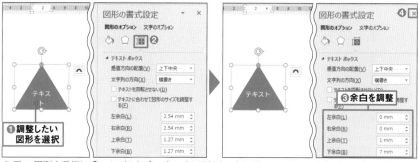

⤴ **図5** 図形を選択し、「レイアウトとプロパティ」を選択する（❶❷）。この例では文字列が下寄りに見えるので、左右余白を狭め、下余白を広げた（❸）。最後に「図形の書式設定」ウィンドウを閉じる（❹）

オブジェクトを一覧表示
重ね順の入れ替えも楽々

ワードの作図機能は豊富で、作ろうと思えばかなり複雑な図も作れる。ワードで多くの図形を組み合わせるときに知っておくと便利な機能が「選択」ウィンドウだ。図形は描いた順に上に重なっていくため、重なりの順序によっては下に隠れてしまったり、選択しようとしても上の図形が邪魔をしてうまく選択できないことがある（**図1**）。そんなとき、「選択」ウィンドウを表示させれば、下に隠れた図形を選択し、表示順序や書式を自由に変更できる。

図形を1つ選択し、「描画ツール」の「書式」タブで「オブジェクトの選択と表示」を選ぶと、「選択」ウィンドウが開く（**図2**）。隠れている図形を選択し、ウィンドウの一番上までドラッグ・アンド・ドロップすれば、目的の図形を最前面に表示できる（**図3**）。

操作の邪魔になる図形があれば、「選択」ウィンドウで一時的に非表示にする（**図4**）。邪魔な図形が表示されなくなり、隠れていた図形を操作できる。作業が終わったら同じ手順で再表示させればよい。

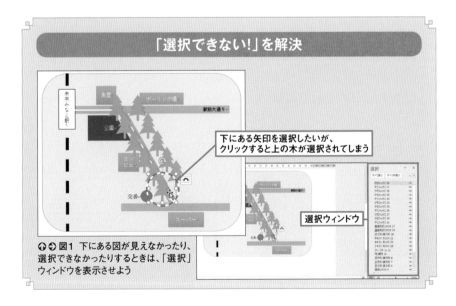

「選択できない！」を解決

下にある矢印を選択したいが、クリックすると上の木が選択されてしまう

選択ウィンドウ

⬆⬇ **図1** 下にある図が見えなかったり、選択できなかったりするときは、「選択」ウィンドウを表示させよう

🚩 オブジェクトの「選択」ウィンドウを表示

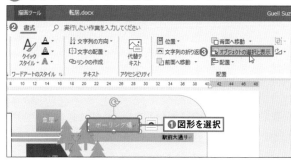

❶図形を選択

↪ 図2 いずれかの図形を選択し、「描画ツール」の「書式」タブで「オブジェクトの選択と表示」を選択する（❶〜❸）

🚩 図形の表示順序を変える

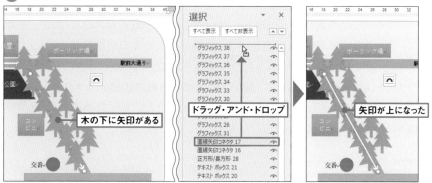

木の下に矢印がある

ドラッグ・アンド・ドロップ

矢印が上になった

↻ 図3 隠れている白い矢印を「選択」ウィンドウで選択し、一番上にドラッグ・アンド・ドロップすると、最前面に表示されるようになる

🚩 図形を非表示にする

❶操作の邪魔になる図形を選択

図形が非表示になる

↻ 図4 非表示にしたい図形を選択し、目のアイコンをクリックする（❶❷）。選択していた図形が非表示になる。再表示するには、目のアイコンを再度クリックすればよい

組織図は
スマートアートで手早く作成

　組織図は、部課構成や役職名などを示すのに欠かせない。通常は長方形や線を組み合わせて作るため手間がかかり、組織変更の際にはほとんど作り直しになってしまう。ワードなら、「スマートアート」と呼ばれる図表のひな型を使うことで、デザインを選んで文字を入力するだけで組織図を作れる（**図1**）。デザインやレイアウトも選べるので、組織に合う雰囲気に仕上げることも可能だ。

　スマートアートを起動すると、チャート類のひな型が一覧表示される（**図2**）。組織図を作るなら、「階層構造」を選択する。組織の構成や文書の用途などを考えてデザインを選ぼう。ひな型が挿入されたら、表示されるテキストウィンドウに文字列を入力すると、組織図に反映される（**図3**）。組織図の図形に直接入力することもできるが、続けて入力するならテキストウィンドウのほうが楽だ。文字数が増えると文字が徐々に小さくなるが、気にせず入力を続けよう。

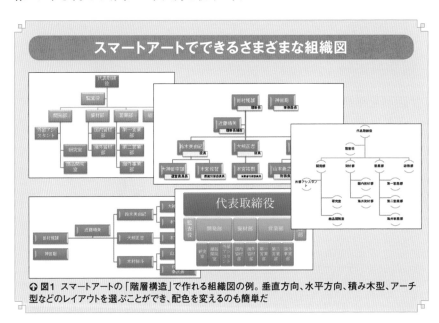

スマートアートでできるさまざまな組織図

⬆ **図1** スマートアートの「階層構造」で作れる組織図の例。垂直方向、水平方向、積み木型、アーチ型などのレイアウトを選ぶことができ、配色を変えるのも簡単だ

項目が足りない場合は、テキストウィンドウで改行すれば同じ階層に新しい項目を追加できる（**図4**）。下の階層に移動する場合は、「Tab」キーを押す（**図5**）。不要な図形は選択して「Delete」キーを押せば削除できる。

Ⓦ 組織図のデザインを決める

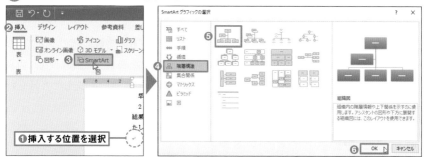

⊙ **図2** 組織図を作る位置にカーソルを移動し、「挿入」タブの「SmartArt」をクリックする（**①**～**③**）。カテゴリーで「階層構造」を選択し、枠のレイアウトを選んで「OK」をクリックする（**④**～**⑥**）

Ⓦ 項目を追加して組織図の構成を整える

⊙**図3** 左側に開くテキストウィンドウで上の階層から入力する［注］

⊙**図4** 項目が足りない場合は「Enter」キーを押すと、同じ階層に追加できる

⊙**図5** 「Tab」キーを押すと階層が1つ下がり、「Shift」+「Tab」キーを押せば階層が上がる

［注］テキストウィンドウが表示されない場合は、「デザイン」タブの「テキストウィンドウ」をクリックする

このひな型には、組織図の本筋とは別に、「アシスタント」と呼ばれる分岐を作れる。この例では、アシスタントに「監査役」を置いた。アシスタントを追加するには、追加する階層を選択し、「図形の追加」から「アシスタントの追加」を選択する（**図6**）。必要に応じて図形を追加して、組織図の内容を完成させよう。

組織図のデザインや配色を選ぶ

入力が終わったら、デザインを選ぶ。このひな型はビジネス文書向けのシンプルなデザインだが、プレゼン資料などで目立つデザインが必要な場合は「SmartArtのスタイル」から立体的なデザインを選ぶこともできる（**図7**）。色合いを変えたり、目立たせたい図形だけ形や色を変えることも可能だ（**図8～図11**）。

Ⓦ 関連部署は「アシスタント」で追加

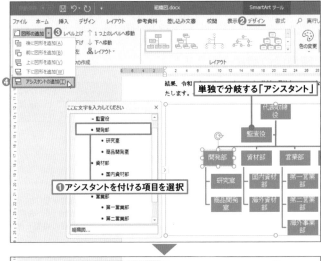

⊖ **図6** このひな型の場合、単独で分岐する「アシスタント」を追加できる。追加したい項目を選び、「SmartArtツール」の「デザイン」タブをクリック（❶❷）。「図形の追加」から「アシスタントの追加」を選択する（❸❹）。選択していた項目にアシスタントが追加される（❺）

Ⓦ 視覚スタイルで図形を立体的なデザインに

① 組織図を選択

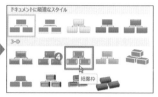

⤶ ⤷ 図7 組織図を選び、「SmartArt ツール」の「デザイン」タブから「SmartArtのスタイル」の「その他」ボタンをクリックする（①〜③）。スタイルの一覧から目的に合うデザインを選択する（④）

Ⓦ 配色のパターンを変更

⤷ 図8 組織図を選択し、「SmartArtツール」の「デザイン」タブで「色の変更」をクリックする（①〜③）。一覧の中から色のパターンを選択する（④）

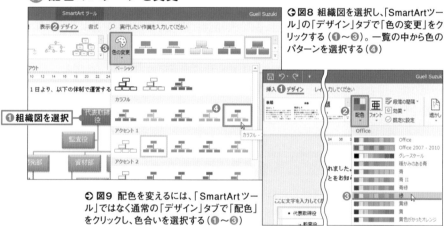

① 組織図を選択

⤷ 図9 配色を変えるには、「SmartArtツール」ではなく通常の「デザイン」タブで「配色」をクリックし、色合いを選択する（①〜③）

Ⓦ 一部の図形だけ変更

⤷ 図10 形を変えたい図形を選択する（①）。「SmartArtツール」の「書式」から「図形の変更」をクリックし、変更後の図形を選ぶ（②〜④）

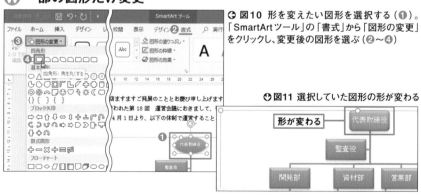

⤷ 図11 選択していた図形の形が変わる

形が変わる

流れを示すフロー図は
スマートアートの得意技

15分
時短

　前項ではスマートアートを使って組織図を作ったが、スマートアートではほかにもさまざまな図を作成できる。中でも作業手順やワークフローを示すフロー図は豊富なデザインが用意されている。文章や箇条書きで説明するよりわかりやすく、インパクトのある図を作れるので、見栄え重視の書類でぜひ使ってみてほしい（**図1**）。

　スマートアートを起動したら、ひな型の一覧から「手順」を選ぶ（**図2**、**図3**）。矢印など、流れを示すひな型が表示されるので、用途に応じてデザインを選ぶ。ここでは「縦方向プロセス」を選択した。

　入力用のテキストウィンドウを使って、上から順に内容を入力していく（**図4**）。項目が足りない場合は、「Enter」キーを押せば同じ階層に項目を追加できる（**図5**）。次の枠を作るには、項目を作成後、「Shift」+「Tab」キーを押して階層を上げる（**図6**）。

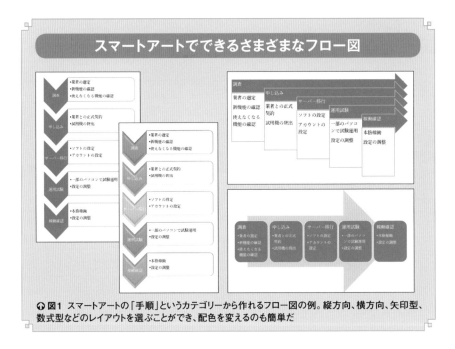

⊕**図1** スマートアートの「手順」というカテゴリーから作れるフロー図の例。縦方向、横方向、矢印型、数式型などのレイアウトを選ぶことができ、配色を変えるのも簡単だ

Ⓦ フロー図のデザインを決める

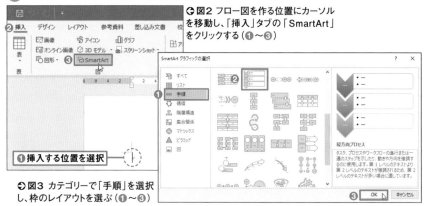

◯図2 フロー図を作る位置にカーソルを移動し、「挿入」タブの「SmartArt」をクリックする（❶～❸）

❶挿入する位置を選択

◯図3 カテゴリーで「手順」を選択し、枠のレイアウトを選ぶ（❶～❸）

Ⓦ 項目を追加してフロー図の内容を入力する

テキストウィンドウに文字を入力

◯図4 選択したひな型が挿入される。左側に開くテキストウィンドウで入力すると、フロー図に反映される[注]

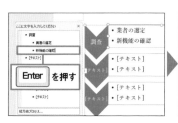

Enter を押す

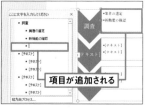

項目が追加される

◯図5 項目が足りない場合は「Enter」キーを押すと、同じ階層に項目を追加できる

Shift + Tab を押す

階層が上がる　　**図形が追加される**

◯図6 項目の階層を上げるときには「Shift」+「Tab」キーを押す。一番上の階層に項目を追加することで、図形を追加することができる

[注]テキストウィンドウが表示されない場合は、「デザイン」タブの「テキストウィンドウ」をクリックする

この例では、項目数が多い場合、文字が小さくなって読みづらくなってしまった。外枠をドラッグして図全体の大きさを調整することもできるが、ここでは別のレイアウトに変更してみた（**図7～図9**）。

続いてデザインを選ぶ。「SmartArtのスタイル」から立体的なデザインを選ぶこともできる（**図10**）。色合いを変えたり、全体のフォントをまとめて変えることも可能だ（**図11～図13**）。

Ⓦ 図全体のレイアウトを選び直す

⊙**図7** フロー図を選び、「SmartArtツール」の「デザイン」タブで「レイアウト」の「その他」ボタンをクリックする（❶～❸）

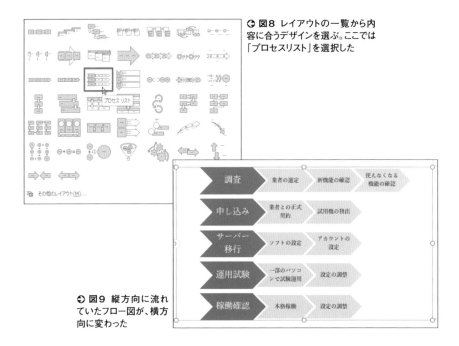

⊙**図8** レイアウトの一覧から内容に合うデザインを選ぶ。ここでは「プロセスリスト」を選択した

⊙**図9** 縦方向に流れていたフロー図が、横方向に変わった

166

🅦 視覚スタイルで図形のデザインを変更

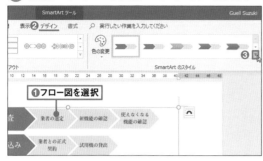

❶フロー図を選択

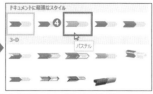

⤴❷ **図10** フロー図を選び、「SmartArt ツール」の「デザイン」タブにある「Smart Art のスタイル」の「その他」ボタンをクリックする（❶〜❸）。スタイルの一覧から目的に合うデザインを選択する（❹）

🅦 配色のパターンを変更

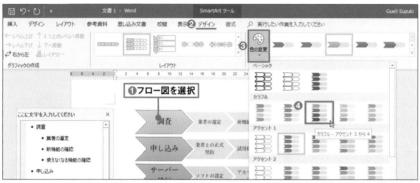

❶フロー図を選択

⤴ **図11** フロー図を選択し、「SmartArt ツール」の「デザイン」タブで「色の変更」をクリックする（❶〜❸）。一覧の中から色のパターンを選択する（❹）

🅦 全体のフォントを変更

❶フロー図を選択

⤴**図12** フロー図を選択し、通常の「デザイン」タブで「フォント」から図に合うフォントを選ぶ（❶〜❹）

⤴ **図13** フロー図全体のフォントが変わる

スマートアートでリストを 循環図にまとめる

10分
時短

　複数の項目は箇条書きとしてまとめるのもよいが、プレゼン資料などでインパクトが必要なら循環図にしてみるのはいかがだろう。項目を矢印や線でつなげることで、順序や関わりを示す循環図は、図形で作ろうとすれば面倒だが、スマートアートなら箇条書きと同じくらい簡単に作れる。

　スマートアートを起動したら、ひな型の一覧から「循環」を選ぶ（**図1、図2**）。循環図や放射図のひな型が表示されるので、用途に応じてデザインを選ぶ。ここでは順序に関係なく項目を並べたいので「基本放射」を選択した。

　入力用のテキストウィンドウを使って、上から順に内容を入力していく（**図3**）。項目が足りない場合は、「Enter」キーを押せば図形を追加できる（**図4**）。

　続いてデザインを選ぶ。「SmartArtのスタイル」から立体的なデザインを選ぶこともできる（**図5**）。色合いを変えることも簡単だ（**図6**）。

🅦 循環図のデザインを決める

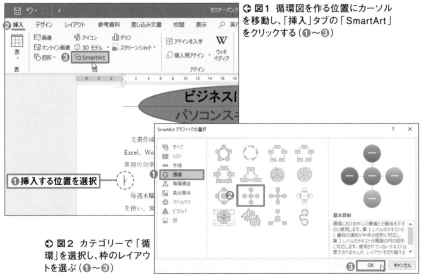

◐ 図1　循環図を作る位置にカーソルを移動し、「挿入」タブの「SmartArt」をクリックする（❶〜❸）

❶挿入する位置を選択

◐ 図2　カテゴリーで「循環」を選択し、枠のレイアウトを選ぶ（❶〜❸）

Ⓦ 項目を追加して循環図の内容を入力する

○図3 選択したひな型が挿入される。左側に開くテキストウィンドウで入力すると、循環図に反映される[注]

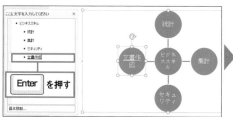 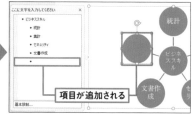

○図4 項目が足りない場合は「Enter」キーを押すと、同じ階層に項目を追加できる

Ⓦ 視覚スタイルで図形のデザインを変更

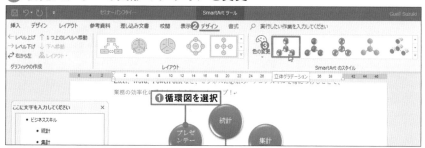

○図5 循環図を選択し、「SmartArtツール」の「デザイン」タブでスタイルを選択する（❶～❸）

Ⓦ 配色のパターンを変更

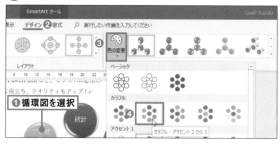

○図6 循環図を選択し、「SmartArtツール」の「デザイン」タブで「色の変更」をクリックする（❶～❸）。一覧の中から配色を選択する（❹）

[注]テキストウィンドウが表示されない場合は、「デザイン」タブの「テキストウィンドウ」をクリックする

Word

Section 12

「テーマ」を使えば配色やフォントを瞬時に変更

3分時短

作成した文書を流用するのは時短に効果的だ。「色合いを変えたい」「雰囲気が合わない」といった場合には、「テーマ」を変更してみよう。

テーマには、配色、フォント、スタイルなど、一連のデザイン要素がまとめて登録されている。テーマを変更することで、内容はそのままに、文字デザインや配色がガラッと変わる（**図1、図2**）。

テーマを変えるとイメージが変わる

⬆ **図1** 「デザイン」タブで「テーマ」を選択する（❶❷）。一覧からテーマを選択すると、文書全体のフォントや配色などが変わる（❸）

➡ **図2** 同じように作った文書でも、テーマを変更することで文字書式や配色がガラッと変わる。イメージを変えたいときにもってこいの機能だ

一瞬でイメージが変わる

　ただし、テーマで変更されるのは、「テーマの色」「テーマのフォント」など、テーマごとに設定された書式のみだ（**図3**）。それ以外の色やフォントを使った場合は、テーマを変えても変更されない。「この文書はほかの機会に流用できそうだな」と思ったら、テーマの色やフォントを使って作成しておくと変更しやすいということだ。

　選んだテーマの「色だけ気に入らない」「フォントを変えたい」といった場合は、「デザイン」タブで一部の設定だけを変更することもできる（**図4、図5**）。

Ⓦ テーマを効果的に使うには、最初の設定が肝心

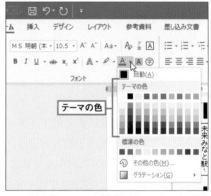

⊕ **図3** テーマを変更したときに変わるのは、「テーマのフォント」や「テーマの色」など、「テーマの…」で始まる書式だけだ。書式設定時にこれらの書式を使っておくと、テーマの威力を発揮しやすい

Ⓦ 配色やフォントのみテーマを変更

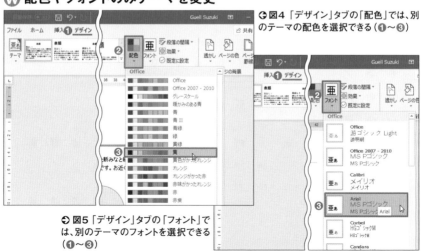

⊕**図4** 「デザイン」タブの「配色」では、別のテーマの配色を選択できる（❶～❸）

⊕**図5** 「デザイン」タブの「フォント」では、別のテーマのフォントを選択できる（❶～❸）

アイコンを利用して
イラスト作成の手間を省く

3分
時短

ビル、交通機関、パソコンなど、ちょっとしたイラストがあるだけで、印象がやわらいだり、内容がわかりやすくなったりするものだ。招待状やプレゼン資料など、ビジネス文書の中でも、イラストが必要な文書は多い。とはいえ、イラストを自作するのは難しいし時間もかかる。そんなときは、「アイコン」を開いてみよう（**図1**）[注]。

アイコンには、ビジネス文書でも使えるスッキリした印象の線画が豊富に用意されている。アイコンは小さな画像だが、拡大したり、色を変えたりすることで、幅広い文書に利用できる。

アイコンを挿入する位置を選び、「挿入」タブの「アイコン」をクリックして、一覧から使いたいアイコンを選ぶ（**図2、図3**）。アイコンのレイアウトオプションは初期設定で「行内」になっているので、自由な位置に移動したいときには「四角形」などを選択する（**図4**）。文書に応じて大きさや色を変更すれば完成だ（**図5、図6**）。

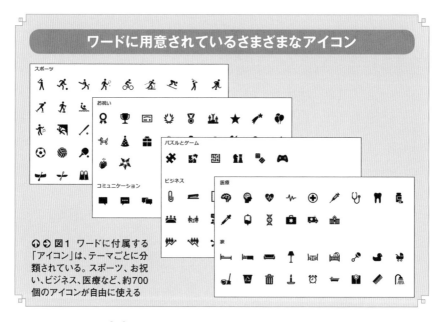

ワードに用意されているさまざまなアイコン

◎◎ **図1** ワードに付属する「アイコン」は、テーマごとに分類されている。スポーツ、お祝い、ビジネス、医療など、約700個のアイコンが自由に使える

[注]アイコンの機能は、オフィス365のワード2016以降、または永続ライセンスのワード2019以降で利用でき、永続ライセンスのワード2016以前では利用できない

ⓌＷ アイコンを挿入する

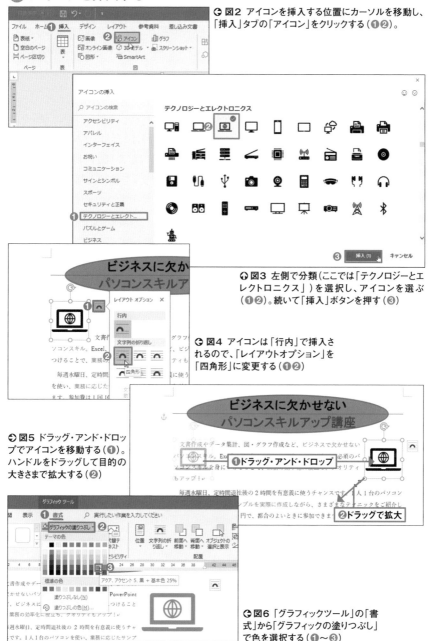

⊕図2 アイコンを挿入する位置にカーソルを移動し、「挿入」タブの「アイコン」をクリックする（❶❷）。

⊕図3 左側で分類（ここでは「テクノロジーとエレクトロニクス」）を選択し、アイコンを選ぶ（❶❷）。続いて「挿入」ボタンを押す（❸）

⊕図4 アイコンは「行内」で挿入されるので、「レイアウトオプション」を「四角形」に変更する（❶❷）

⊕図5 ドラッグ・アンド・ドロップでアイコンを移動する（❶）。ハンドルをドラッグして目的の大きさまで拡大する（❷）

⊕図6 「グラフィックツール」の「書式」から「グラフィックの塗りつぶし」で色を選択する（❶〜❸）

173

Word

Section
14

一緒に動かしたい図形は
グループ化してまとめる

1分
時短

　図形を組み合わせて概念図や地図を作った場合、うっかりドラッグして一部の図形だけがズレてしまうことがある。そうしたミスをしないよう、図形は「グループ化」してまとめておこう。すると移動やコピーもまとめてできるようになる（**図1、図2**）。テキストボックスを使って図や写真にキャプション（図番や説明文）を付けた場合も同様だ。図とキャプションがズレないよう、グループ化しておこう。

Ⓦ 図形をまとめてグループ化

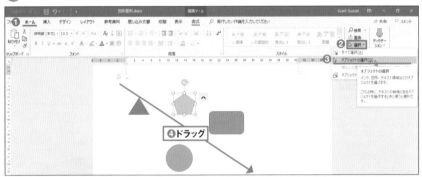

↑図1 グループ化する図形をすべて選択する。「ホーム」タブの「選択」から「オブジェクトの選択」を選ぶと、ドラッグでまとめて選択できる（❶〜❹）。図形の追加や選択解除は「Shift」キーを押しながらクリックする

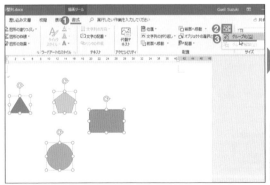

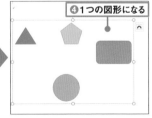

←↑図2 「描画ツール」の「書式」タブで「グループ化」から「グループ化」を選択する（❶〜❸）。選択していた図形が1つにまとまり、1つの図形として動かせるようになる（❹）

第6章

厄介な作表機能を
マスターして効率化

ビジネス文書では、項目を表にまとめることがよくある。ワードの作表機能は豊富で、コツさえつかめば不規則な表でも手早く作れる。計算機能はエクセルに及ばないとはいえ、簡単な計算ならワードでも可能だ。ワードならではの便利な使い方を身に付ければ、エクセルとの役割分担もしやすくなる。

- ● 表のデザインはスタイルから選ぶだけ
- ● 不規則な表は手書き感覚で簡単作成
- ● 表内の文字配置をバランス良く整える
- ● ワードの表でも計算式や関数が使える　ほか

175

Section
01

表全体のデザインは「表のスタイル」で選ぶだけ

5分
時短

ビジネス文書では、黒い罫線で区切っただけの表をよく見かけるが、見出し行を目立たせたり、大きい表なら1行おきに塗り色を変えたりすると、わかりやすい表になる。しかし、罫線、色、フォントなどを個別に設定して見やすいデザインに仕上げるのは手間のかかる作業だ。そこで「表のスタイル」機能の出番。サンプルから選ぶだけでシンプルな表からカラフルな表まで一瞬でデザインを設定できる（**図1**）。

表のどこかを選ぶと「表ツール」が表示される。「デザイン」タブにある「表のスタイル」から文書に合いそうなスタイルを選べば、表全体にスタイルが適用される（**図2**）。

「表のスタイル」では、初期設定で「タイトル行」と「最初の列」が目立つ書式になっているものが多いが、不要な場合は「表スタイルのオプション」で外せばよい（**図3**）。同様に、1行おきの塗り色が不要なら、「縞模様（行）」のチェックを外せば、均一な塗り色になる。適用したスタイルを解除する場合、「表のスタイル」の一覧で「クリア」を選ぶと、基本の罫線までなくなってしまう。罫線だけのデザインに戻すなら、「表のスタイル」から「表（格子）」を選ぼう。

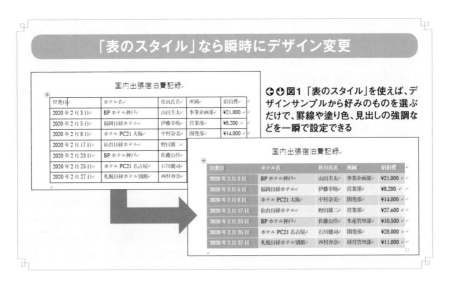

「表のスタイル」なら瞬時にデザイン変更

◑◑**図1**「表のスタイル」を使えば、デザインサンプルから好みのものを選ぶだけで、罫線や塗り色、見出しの強調などを一瞬で設定できる

🅦 表のスタイルからデザインを選ぶ

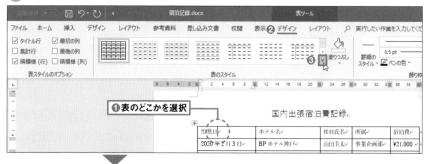

❶表のどこかを選択

🔼🔽 **図2** 表のどこかにカーソルを置き、「表ツール」の「デザイン」タブにある「表のスタイル」の「その他」ボタンをクリックする（❶～❸）。表示されたスタイルの一覧から、文書に合うスタイルを選択する（❹）

🅦 不要なスタイルを解除する

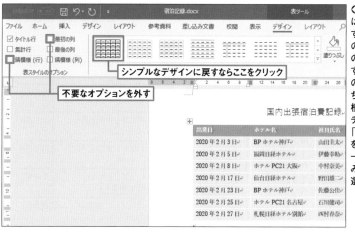

シンプルなデザインに戻すならここをクリック

不要なオプションを外す

🔽 **図3** この表では、1列目を強調する必要はないので「最初の列」のチェックを外す。また、1行おきの塗り色は目立ちすぎるので「縞模様（行）」もチェックを外した。「表のスタイル」を解除するなら、一覧から罫線のみのデザインを選ぶとよい

表の各列の幅は
ドラッグするより自動調整

　表の列の幅は、罫線をドラッグすれば変更できる。しかし、1つの列幅を広げると、別の列幅が狭まるなど、ドラッグでの調整は思うようにいかないことが多い（**図1**）。一般的な表であれば、「文字列の幅に自動調整」を使って文字列の長さに応じた幅にするのが、手早く列幅を調整するコツだ（**図2**）。

　文字列の幅ギリギリだと窮屈に見える場合は、「ウィンドウ幅に自動調整」を選ぶと、表が本文の幅いっぱいまで広がる（**図3**）。これで各列に余白ができ、見やすい表になる。

ドラッグでの列幅調整は楽じゃない

❶❷ 図1 表の列幅は、列の端にある罫線をドラッグすることで調整できる（❶❷）。ただし、罫線が移動するだけなので、隣接する列の幅がその分狭くなり、すべての列幅を調整するのは難しい（❸❹）

Ⓦ 文字列の幅に応じて列幅を自動調整

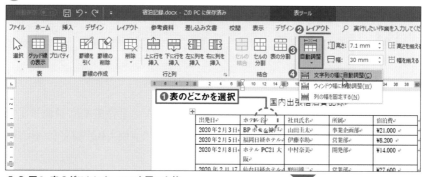

↷⇨図2 表のどこかにカーソルを置いた状態で、「表ツール」の「レイアウト」タブにある「自動調整」ボタンをクリックする（❶〜❸）。メニューから「文字列の幅に自動調整」を選ぶと、文字幅に応じて列幅が調整される（❹）

Ⓦ 本文の幅に合わせて列幅を自動調整

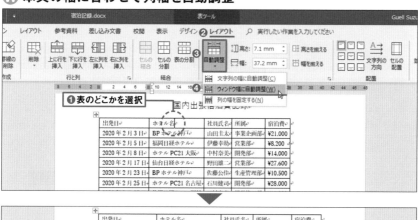

↷図3 表のどこかにカーソルを置いた状態で、「表ツール」の「レイアウト」タブにある「自動調整」をクリック（❶〜❸）。「ウィンドウ幅に自動調整」を選ぶと、表が本文の幅いっぱいになるよう調整される（❹）

Section 03

列の幅や行の高さを ワンクリックで均等に

5分 時短

　行の高さや列の幅がバラついていると、見栄えが悪い。手作業でも、数値指定でも、一度でピタリと揃えるのは難しい。そんなときは、「高さを揃える」ボタンや「幅を揃える」ボタンを使って自動で揃えよう。

　表全体で行の高さを均一にしたいなら、表のどこかにカーソルを置いた状態で、「高さを揃える」ボタンを押す（**図1**）。図1の例では、一部のセルの文字数が多く2行になっているため、その行に合わせて表全体の高さが広がった。

　一部の行や列だけを均等にしたいなら、対象となる行や列を選択してから操作する（**図2、図3**）。列の幅を均等にする場合、表全体の幅は変えずに、均等になるよう列幅が調整される。

　高さや幅は数値で正確に指定することもできる。揃えたい行や列を選択し、「表ツール」の「レイアウト」タブで「高さ」や「幅」を入力する（**図4、図5**）。

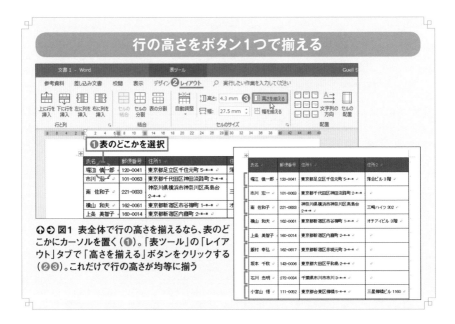

行の高さをボタン1つで揃える

①表のどこかを選択

①❷❸ 図1 表全体で行の高さを揃えるなら、表のどこかにカーソルを置く（**①**）。「表ツール」の「レイアウト」タブで「高さを揃える」ボタンをクリックする（**❷❸**）。これだけで行の高さが均等に揃う

Ⓦ 一部の列幅だけ均等に揃える

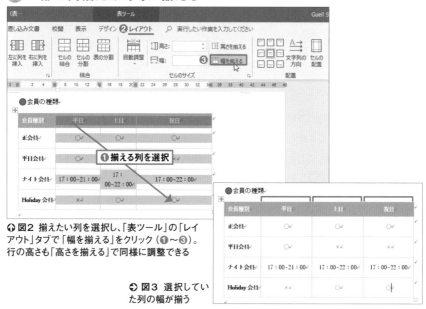

⬆図2 揃えたい列を選択し、「表ツール」の「レイアウト」タブで「幅を揃える」をクリック（❶～❸）。行の高さも「高さを揃える」で同様に調整できる

➔ 図3 選択していた列の幅が揃う

Ⓦ 列幅を数値で指定する

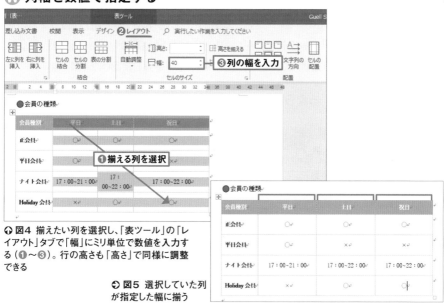

⬆図4 揃えたい列を選択し、「表ツール」の「レイアウト」タブで「幅」にミリ単位で数値を入力する（❶～❸）。行の高さも「高さ」で同様に調整できる

➔ 図5 選択していた列が指定した幅に揃う

Section 04

表編集の手際は セルの選択で決まる

1分
時短

　表の書式などを変更するには、目的のセルに移動したり、対象となるセル、行、列などを選択したりすることから始まる。的確にセルを選択できないと作業がはかどらず、無駄な時間がかかってしまう。ワードの表で使える移動や選択方法をまとめて紹介するので、この機会によく使うものだけでも覚えておこう。

　エクセルの場合、クリックするとセルが選択されるが、ワードの場合は中の文字が選択される。セルを選択するには、セルの左端にマウスポインターを移動し、カーソルの形が変わったところでクリックする（図1、図2）。行や列を選択する場合も、マウスポインターの形がヒントになる（図3）。表全体を選択するには、表の左上に表示される十字形の矢印ボタンをクリックする。

　選択中のセルから上下左右のセルに移動するには、エクセルと同様、進みたい方向のカーソルキーを押せばよい。ドラッグでセル範囲を選択できる点や、「Ctrl」キーを押しながらドラッグすると追加の選択ができる点もエクセルと同じだ（図4）。行単位、列単位の選択もドラッグでできる（図5）。ドラッグが苦手なら、始点をクリックし、範囲の終点を「Shift」キーを押しながらクリックしてもよい（図6）。

　そのほか、セルの選択でよく使うショートカットキーを表にまとめた（図7）。

Ⓦ セルを選択するならセルの左端でクリック

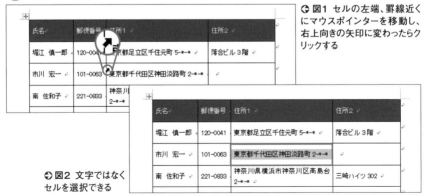

⊖ 図1 セルの左端、罫線近くにマウスポインターを移動し、右上向きの矢印に変わったらクリックする

⊖ 図2 文字ではなくセルを選択できる

Ⓦ 行、列、表全体はクリックで簡単選択

表全体を選択 **列を選択** **行を選択**

↩ **図3** 行なら左側余白、列なら上側余白にマウスポインターを合わせ、ポインターの形が変わったところでクリックする。表全体を選択する場合は、表の左上に表示される十字形矢印をクリックする

Ⓦ 複数セルはドラッグで選択。離れた範囲は「Ctrl」キーで選択可能

❶ドラッグ

❷ Ctrl +ドラッグ

↩ **図4** 連続するセルはドラッグで選択する（❶）。追加で選択したいセル範囲があるときは、「Ctrl」キーを押しながらドラッグする（❷）

複数行を選択 **ドラッグ**

↩ **図5** 複数の行を選択するなら、行の左側余白をドラッグする

クリックで選択 **❶始点をクリック**

❷終点を Shift +クリック

↩ **図6** 始点をクリックし、終点を「Shift」キーを押しながらクリックしても範囲を選択できる（❶❷）

カーソルの移動先	ショートカットキー	範囲選択	ショートカットキー
列の先頭	Alt + Page Up	列の先頭まで選択	Shift + Alt + Page Up
列の末尾	Alt + Page Down	列の末尾まで選択	Shift + Alt + Page Down
行の先頭	Alt + Home	行の先頭まで選択	Shift + Alt + Home
行の末尾	Alt + End	行の末尾まで選択	Shift + Alt + End

↩ **図7** 素早く正確に移動、あるいは選択するには、ショートカットキーを覚えたい[注]

[注]ノートパソコンなどでは、「Home」「End」「Page Up」「Page Down」の各キーが「Fn」キーと同時に押さないと機能しない場合がある

第6章 厄介な作表機能をマスターして効率化

Section 05

不定型な表は
ドラッグで簡単に作れる

表は縦横に整然と区切られたものばかりではない。セルの並びが不規則な表や、凹凸のある表が必要なときがある（**図1**）。こうした表を作るとき、エクセルのようにセルの分割や結合で対応しようとすると、厄介なことになる。考え方を変えてワード流に作れば、不定型な表でも意外なほど簡単に作ることができる。

行単位や列単位で幅を変えるエクセルと違って、ワードの表はセル単位で幅を変えられる。ポイントは、対象のセルを選択した状態で罫線をドラッグすること（**図2**）。表の端にある罫線も同様に動かせるので、凹凸のある表でも問題なく作れる（**図3**）。

また、表を作成中に「ここでセルを区切りたい」と思うことがある。通常はセルを分割してから目的の場所まで罫線を移動するのだが、「罫線を引く」機能を使えば手書き感覚で思い通りの位置に線を引いてセルを区切ることができる（**図4**）。作表というと「エクセルのほうが楽」だと思いがちだが、こうした不規則な表であれば、ワードで作るほうが楽なことも多い。

こんな表はどう作る？

申請者の面接メモ フォーム

日付		時刻	
面接官の名前		面接官の役職	
応募する職位	
必要なスキル	

部分的に列数が異なる

質問1

質問2

質問3

列幅が途中から変わる

押印欄

セルが飛び出している

⊙**図1　申請書のテンプレートなどでは、不定型な表も多い。途中で列数や列幅が変わったり、一部のセルが飛び出したりしていることも。こんな表でも簡単に作れるのが、ワードで作表する大きな利点だ**

Ⓦ セルを選択すれば罫線は個別に動かせる

◎ 図2 列幅を変更したいセルをまとめて選択（❶）。動かしたい罫線にマウスポインターを合わせてドラッグする（❷）。これで選択したセルだけ列幅を変えられる

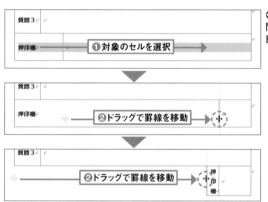

◎ 図3 移動したい罫線が端にあっても問題ない。対象となるセルを選択して、動かしたい罫線をドラッグする（❶〜❸）

Ⓦ 「罫線を引く」ツールで自由に表を区切る

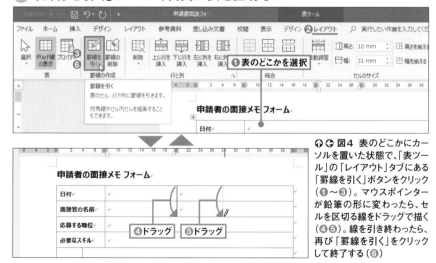

◎◎ 図4 表のどこかにカーソルを置いた状態で、「表ツール」の「レイアウト」タブにある「罫線を引く」ボタンをクリック（❶〜❸）。マウスポインターが鉛筆の形に変わったら、セルを区切る線をドラッグで描く（❹❺）。線を引き終わったら、再び「罫線を引く」をクリックして終了する（❻）

表の中の文字列を
見栄え良く配置する

　ワードの初期設定では、表の中の文字列は、セルの左上を基準に両端揃えで配置される。通常の文章であれば、左右の位置揃えや行間などで配置が決まるが、セル内の文字列の場合、セルの上下どちらに揃えるかも問題だ。ここでは、セル内の文字配置を簡単に揃えるための機能を3つ紹介する（**図1、図2**）。

　セル内の基本的な文字配置は、「表ツール」の「レイアウト」タブにある9つの「配置」ボタンで指定する（**図3、図4**）。

　文字列とセルの罫線の間隔を広げたければ、「レイアウト」タブの「インデント」を使う（**図5**）。セルのインデントを調整する場合、「ホーム」タブの「インデントを増やす」を使うと行全体が移動してしまうので、「レイアウト」タブで設定するのがポイントだ。

　「表ツール」の「レイアウト」タブにある「セルの配置」でも余白を指定できるが、こちらは表内のすべてのセルに適用されるので、使い方に注意しよう（**図6**）。初期設定では、左右1.9ミリずつの余白になっている。

表内の文字をバランス良く配置する3つの機能

⬆図1 「表ツール」の「レイアウト」タブでは、セル内の文字配置を9個のボタンで指定できる。また、「セルの配置」を選ぶとセル内の余白を一括で指定できる

⬅図2 「レイアウト」タブの「インデント」を使うと、左右の余白をセルごとに指定できる

Ⓦ セル内の文字揃えはボタン1つで変更

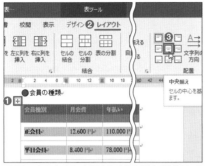

⤴ **図3** 表の左上に表示される十字形矢印ボタンをクリックして表全体を選択する（❶）。「表ツール」の「レイアウト」タブで「中央揃え」ボタンをクリックすると、文字列がセルの上下左右中央に揃う（❷❸）

⤴ **図4** 右揃えにしたいセルをドラッグで選択する（❶）。「表ツール」の「レイアウト」タブで「中央揃え（右）」ボタンをクリックすると、文字列がセルの上下中央、右揃えで表示される（❷❸）

Ⓦ インデント設定で罫線と文字の間隔を広げる

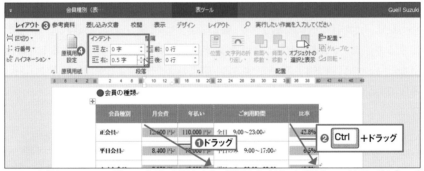

⤴ **図5** 右揃えにしたセルに関して、右側の罫線と文字の間隔を広げよう。まず対象セルをドラッグや「Ctrl」キー＋ドラッグで選択（❶❷）。「レイアウト」タブの「インデント」欄で「右」を「0.5字」に設定する（❸❹）

Ⓦ 表全体の余白をまとめて調整

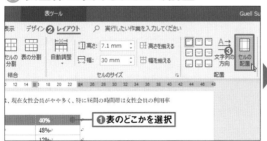

⤴ **図6** 表全体の余白を指定するには、表のどこかにカーソルを置いた状態で、「表ツール」の「レイアウト」タブを選択する（❶❷）。「セルの配置」をクリックし、表の既定にする余白を設定する（❸〜❺）

ちょっとした計算は
ワード内で完結できる

「数値の計算が必要な表はすべてエクセルで」と思っているのなら、それは間違いだ。確かに、エクセルなら計算式を入力すれば計算結果を表示できるし、さまざまな関数を使って複雑な計算もできる。しかし、ワードでの文書作成中に表だけをエクセルで作るのは面倒に感じられるかもしれない。実は、ワードでも計算式や関数を使うことができる（**図1**）。ちょっとした計算なら、わざわざエクセルを起動するより、ワードで済ませたほうが簡単な場合がある。

ワードの表に計算式を入力するには、「表ツール」の「レイアウト」タブから「計算式」を選ぶ（**図2**）。隣接するセルに数値が入力されていれば、合計を計算する関数の式「=SUM()」が自動的に表示される（**図3**）。エクセルと違うのは、計算式にセルを指定する方法だ。上にあるセルの合計なら「=SUM（ABOVE）」、左にあるセルの合計なら「=SUM（LEFT）」と指定する。計算式のコピーもできるが、コピー後に「F9」キーで再計算する必要がある（**図4**）。

ワードで入力できる計算式

計算式　　　　　　　　　　　　　　?　　×

計算式(<u>E</u>):
=SUM(ABOVE)

表示形式(<u>N</u>):

関数貼り付け(<u>U</u>):　　　　ブックマーク貼り付け(B):

ABS
AND
AVERAGE
COUNT
DEFINED
FALSE
IF
INT

OK　　　キャンセル

→ ここに計算式を入力

→ ここをクリックして関数を指定

選べる関数は18種類

簡単な計算はできそうだな

◆ 図1 表の中では「計算式」ダイアログボックスを使って計算式を入力できる。計算式の入力方法はエクセルと同様で、最初に「=」を入力する。周囲のセルに数値があれば、自動的に「SUM」関数が表示される。ほかの関数を入力する場合は、表示された計算式を消してから「関数貼り付け」欄で関数を選ぶ

Ⓦ セルに計算式を入力する

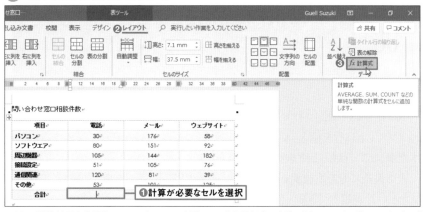

⤴図2 計算結果を表示させるセル（ここでは合計のセル）を選択する（❶）。「表ツール」の「レイアウト」タブで「計算式」ボタンをクリックする（❷❸）

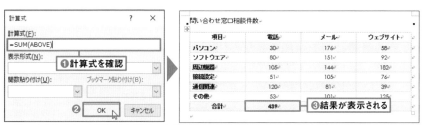

⤴図3 自動入力された計算式を確認し、必要に応じて修正（❶）。「OK」を押すと結果が表示される（❷❸）

Ⓦ 計算式をコピーして使う

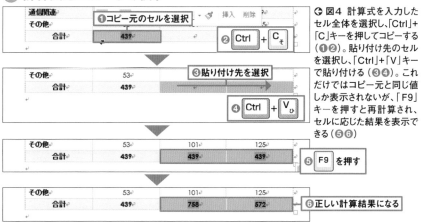

⤴図4 計算式を入力したセル全体を選択し、「Ctrl」＋「C」キーを押してコピーする（❶❷）。貼り付け先のセルを選択し、「Ctrl」＋「V」キーで貼り付ける（❸❹）。これだけではコピー元と同じ値しか表示されないが、「F9」キーを押すと再計算され、セルに応じた結果を表示できる（❺❻）

行や列は「Tab」キーと 「+」ボタンで簡単に追加

表を作っていると、「1行足りない！」といったことがよくある。「表ツール」の「レイアウト」タブで「下に行を挿入」や「右に列を挿入」などのボタンを使って追加するのが基本だが、ここではもっと簡単な方法を紹介しよう。

表の最後に行を追加するなら、最後のセルで「Tab」キーを押す（**図1**）。これだけで新しい行が追加できる。

修正時など、表の途中に行や列を追加することもできる。挿入する位置の罫線の、行なら左側、列なら上側にマウスポインターを合わせ、表示された「+」ボタンをクリックする（**図2**）。この方法なら、追加する位置を間違えることもない。

W 表の最後に行を追加するなら「Tab」キーで

⊖ **図1** 表の最後のセルにカーソルを移動し、「Tab」キーを押すと、表の一番下に行が追加され、そこにカーソルが移る

W 途中に行や列を追加するなら「+」ボタン

⊖ **図2** 行を追加する場合は、新しい行を挿入する位置の左側の余白にマウスポインターを移動する。表示された「+」ボタンをクリックすれば、新しい行が挿入できる。列を追加するには上側の余白で同様に操作する

第7章

印刷ミスのムダ排除!
簡単・確実に印刷

1ページに収めたつもりが2ページになってしまったときの対処法は、覚えておいて損はない。最近は、印刷せずにPDFファイルを送ることも多いので、PDFの保存方法も覚えておこう。また「差し込み印刷」を利用すると、宛先ごとに内容を変えた書面づくりやラベル印刷など、幅広く効率化できる。

- ●2ページ目にはみ出したときの簡単な対処方法
- ●ビジネス文書として渡せるPDFを素早く作成
- ●ラベル印刷でカードや宛名ラベルを作成
- ●宛先ごとに少しずつ異なる文書を自動作成　ほか

2ページ目にはみ出す文書を 1ページに収めて印刷

3分時短

　印刷してみたら1ページのはずが2ページ目にはみ出していた……。こんな失敗を多くの人が経験しているだろう（**図1**）。この失敗を防ぐには、印刷前にページ数を確認することが第一（**図2**）。そして、少しだけ2ページ目にはみ出した文章を1ページに収める方法は2つある。

　1つは、ページ全体を縮小印刷すること。もう1つは、余白や行間を狭めるなど、1ページに入る文字数を増やして対応することだ。

　2ページ目にほんの数行はみ出してしまう場合、ページ全体を少し縮小することで1ページに収める「1ページ分圧縮」を使えば、ワンクリックで1ページに収めてくれる。文字は少し小さくなるが、操作はワンクリックなので手間がかからない。ただし、この機能は通常表示されない"裏メニュー"。クイックアクセスツールバーから呼び出せるように設定して使おう（**図3〜図5**）。

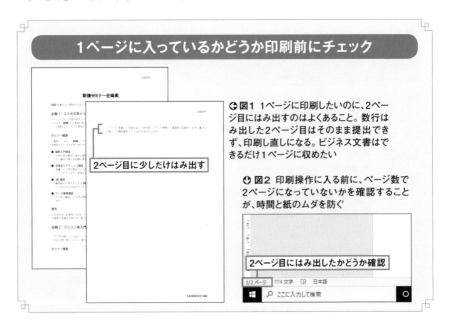

1ページに入っているかどうか印刷前にチェック

◑図1 1ページに印刷したいのに、2ページ目にはみ出すのはよくあること。数行はみ出した2ページ目はそのまま提出できず、印刷し直しになる。ビジネス文書はできるだけ1ページに収めたい

2ページ目に少しだけはみ出す

◐図2 印刷操作に入る前に、ページ数で2ページになっていないかを確認することが、時間と紙のムダを防ぐ

2ページ目にはみ出したかどうか確認

Ⓦ「1ページ分圧縮」をクイックアクセスツールバーに登録

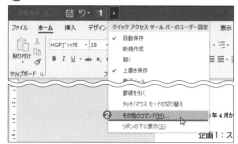

◑ 図3 画面左上にある「クイックアクセスツールバーのユーザー設定」をクリックし、「その他のコマンド」を選択する（❶❷）

◑ 図4 表示されるダイアログボックス左側で追加する機能を選ぶ。「コマンドの選択」で「[印刷プレビュー]タブ」を選択し、「1ページ分圧縮」を選択する（❶❷）。「追加」ボタンをクリックし、「OK」ボタンを押す（❸❹）

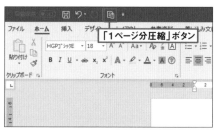

◑ 図5 クイックアクセスツールバーに「1ページ分圧縮」ボタンが追加されたことを確認する

ツールバーの設定後は、このボタンをクリックするだけで縮小できる（**図6**、**図7**）。このサンプルでは、本文の文字サイズは10.5ポイントから10ポイントに縮小され、2行はみ出していた文章が1ページに収まった。

　「1ページ分圧縮」で1ページに収まらない場合（**図8**）や、文字サイズを小さくしたくない場合には、余白や行間を調整する。1ページに印刷するなら、左右の余白は等しく設定したほうがバランスが良い（**図9**）。プリンターによっては5ミリ以下の余白で印刷できるものもあるが、読みやすさを考えれば上下左右、1センチ以上の余白は必要だ。

　行間を詰めて1ページに収めようとする場合、段落ごとに行間を微調整するのは手間がかかるので、1ページに入る行数を調整するとよい（**図10**）。ただし、行間を「固定」の設定にしている場合、この操作では行間を縮めることはできない。

　余白などを調整しても1ページに入らない場合、本文など文字が小さめな部分を選んで2段組みにするのも効果的だ（**図11**）。

Ⓦ「1ページ分圧縮」で1ページに収める

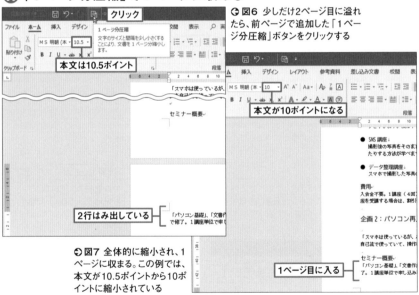

◉ **図6** 少しだけ2ページ目に溢れたら、前ページで追加した「1ページ分圧縮」ボタンをクリックする

◉ **図7** 全体的に縮小され、1ページに収まる。この例では、本文が10.5ポイントから10ポイントに縮小されている

◉ **図8** この機能で縮小しきれない場合は、「…できません」と表示されるので、別の方法を考えよう

Ⓦ 余白を調整して1ページに収める

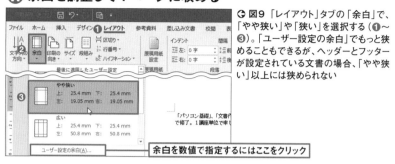

⤴ 図9 「レイアウト」タブの「余白」で、「やや狭い」や「狭い」を選択する（❶～❸）。「ユーザー設定の余白」でもっと狭めることもできるが、ヘッダーとフッターが設定されている文書の場合、「やや狭い」以上には狭められない

余白を数値で指定するにはここをクリック

Ⓦ 1ページに入る行数を増やす

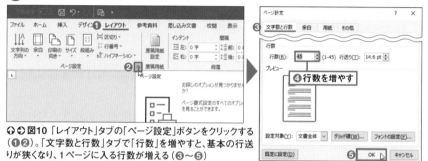

❹ 行数を増やす

⤴⤴ 図10 「レイアウト」タブの「ページ設定」ボタンをクリックする（❶❷）。「文字数と行数」タブで「行数」を増やすと、基本の行送りが狭くなり、1ページに入る行数が増える（❸～❺）

Ⓦ 箇条書きなどは段組みで省スペース

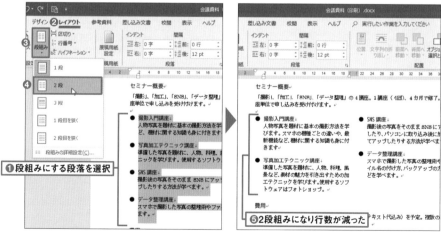

❶段組みにする段落を選択

❺2段組みになり行数が減った

⤴ 図11 段組みにすると行数を減らせる場合もある。段落を選択し、「レイアウト」タブの「段組み」から「2段」を選択（❶～❹）。これで選択した段落が2段組みになり、行数が減って1ページに収まる（❺）

Section 02 PDF出力でムダとミスを省く3つのポイント

1分 時短

「ワードファイルではなくPDFでください」と頼まれることが増えている。PDFは機種を問わずに開くことができ、一般的にワードファイルより容量が小さいので配布用としてよく利用される。ワードで作った文書はPDFファイルに保存できるが、手順や設定を間違えると、時間の無駄だけでなく安全性も損なわれるので注意が必要だ。

PDF出力は「エクスポート」から指定でひと手間省く

PDFに書き出す手順として、「ファイル」タブのメニューで「名前を付けて保存」を選ぶ方法もあるが、「エクスポート」を選ぶほうが自動的にPDF形式が選択できるためひと手間少なく済む（**図1**）。

「最適化」は「標準」か「最小サイズ」かを選択できるが、画面で表示するだけなら「最小サイズ」を選ぶとファイル容量や送信時間を節約できる（**図2**）。

Ⓦ 「名前を付けて保存」より「エクスポート」がオススメ

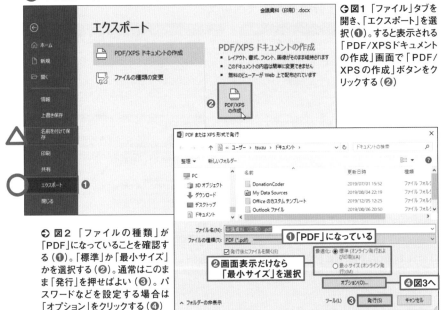

⊙**図1**「ファイル」タブを開き、「エクスポート」を選択（❶）。すると表示される「PDF/XPSドキュメントの作成」画面で「PDF/XPSの作成」ボタンをクリックする（❷）

⊙**図2**「ファイルの種類」が「PDF」になっていることを確認する（❶）。「標準」か「最小サイズ」かを選択する（❷）。通常はこのまま「発行」を押せばよい（❸）。パスワードなどを設定する場合は「オプション」をクリックする（❹）

❶「PDF」になっている

❷画面表示だけなら「最小サイズ」を選択

❹図3へ

パスワードでセキュリティを確保

　ビジネス文書はセキュリティも重要だ。内容に応じてPDFにパスワードを設定しよう。図2の画面で「オプション」を選択し、開いたダイアログボックスで「ドキュメントをパスワードで暗号化する」をオンにする（**図3**）。続いて表示されるダイアログボックスでパスワードを入力すれば、開くためにパスワードが必要なPDFとして保存できる。

素早くメールで送るなら「共有」機能

　「すぐPDFを送ってくれ」と言われた、通常はPDFファイルとして保存してからメールソフトを開いて送信するが、この方法では無駄が多い。素早く送るなら、「共有」を使おう（**図4**）。「共有」機能はマイクロソフトのクラウドサービス「OneDrive」にアップロードする機能だが、「PDF」を選択するとメールソフトが起動し、PDFを添付した新規メールの作成画面が開く。宛先などを指定すればすぐに送信可能だ。パスワードは設定できないが、余計なPDFファイルを保存することなく、素早く送信できる。

Ⓦ 「オプション」からパスワードを設定

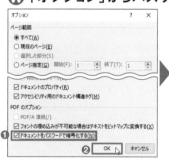

○**図3** 図2で「オプション」を選ぶと表示される画面で「ドキュメントをパスワードで暗号化する」をオンにする（❶）。「OK」ボタンを押し（❷）、次に表示される画面でパスワードを設定して「OK」ボタンを押す（❸❹）

Ⓦ 「共有」機能でPDFをメール送信

○**図4** 「ファイル」タブで「共有」を選択する（❶）。「PDF」をクリックすると、PDFファイルを添付したメール作成画面が開く（❷❸）。宛先などを指定して送信する

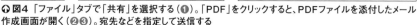

「文書の一部」「文字だけ」必要な部分のみ効率良く印刷

　ワードでは、必要な部分だけ選択して印刷したり、文字校正時には画像などを抜いて文字だけを印刷することもできる（**図1**）。印刷するものが少ないほど高速に印刷でき、紙も節約できる。余分なものがなければチェックもしやすい。

　文書の一部だけを印刷する場合は、必要な範囲を選択し、印刷の設定画面で「選択した部分を印刷」を選んで印刷する（**図2**、**図3**）。

　写真や図形、スマートアートなどを除き、文字列のみを印刷するには、印刷前にオプション設定を変更する（**図4**、**図5**）。ひと手間かかるが、ページ数が多い場合や何度も印刷する場合は有効な設定だ。インクの節約にもなる。

　なお、「オプション」の「詳細設定」には「下書き印刷する」という項目もあるが、こちらは図の設定やプリンターによって図が印刷されてしまうことがある。

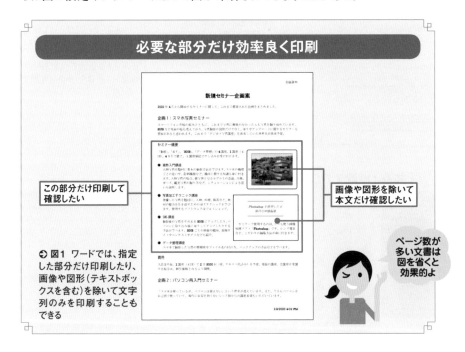

必要な部分だけ効率良く印刷

この部分だけ印刷して確認したい

画像や図形を除いて本文だけ確認したい

→ **図1**　ワードでは、指定した部分だけ印刷したり、画像や図形（テキストボックスを含む）を除いて文字列のみを印刷することもできる

ページ数が多い文書は図を省くと効果的よ

Ⓦ 選択した部分だけを印刷

印刷する部分を選択

◆図2 ワードの編集画面で印刷する部分だけを選択する。画像のアンカーが含まれていれば、その画像も印刷される

◆図3 「ファイル」タブで「印刷」を選択する（❶）。「設定」で「すべてのページを印刷」をクリックして「選択した部分を印刷」に変更し、部数などを確認して印刷する（❷～❹）

Ⓦ 写真や図形を除いて本文領域の文字列のみ印刷

◆図4 「ファイル」タブの「オプション」を選択する（❶）。開く画面で「表示」を選択し、「Wordで作成した描画オブジェクトを印刷する」のチェックを外して「OK」ボタンを押す（❷～❹）

図が消えている

◆図5 オプション設定後、「ファイル」タブで「印刷」を選ぶと、写真や図がない状態でプレビューが表示される。確認して印刷しよう

ラベル印刷機能を利用して カードや名刺を簡単印刷

10分
時短

　ショップで使うメンバーズカードやショップカード、イベントで配る期間限定の名刺など、同じカードをたくさん作りたいときに便利なのが「ラベル印刷」機能だ。ラベル印刷機能には、市販されているラベル用紙やカード用紙のレイアウトが数多く登録されており、製品番号を入力するだけできれいに印刷できる（**図1**）。こうした用紙は手で折るだけで切り取れるため、印刷後も面倒がない。使用する用紙を購入する前に、ラベル印刷機能のリストにあるかどうかをチェックしておくと安心だ。

　「差し込み文書」タブの「差し込み印刷の開始」から「ラベル」を選び、使用する専用紙のメーカー名と品番を指定する（**図2、図3**）。用紙が厚くて手差しする場合や、手作業で両面印刷する場合には、この画面で「用紙トレイ」を手差しに変更しておくとよい。

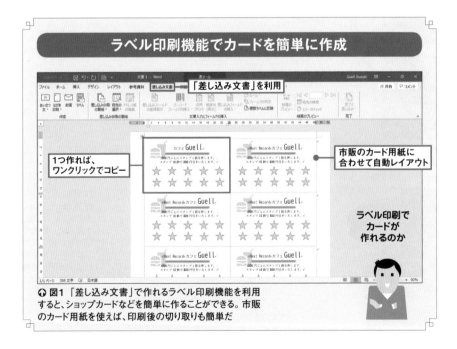

ラベル印刷機能でカードを簡単に作成

「差し込み文書」を利用

1つ作れば、
ワンクリックでコピー

市販のカード用紙に
合わせて自動レイアウト

ラベル印刷で
カードが
作れるのか

↑ **図1** 「差し込み文書」で作れるラベル印刷機能を利用すると、ショップカードなどを簡単に作ることができる。市販のカード用紙を使えば、印刷後の切り取りも簡単だ

ここではA4用紙1枚に10個のカードが作れる用紙を選んだので、開いた新規文書にはカードを模した2列×5行の表が挿入されている。左上の枠内にカードの内容を入力しよう（**図4**）。「差し込み文書」タブで「複数ラベルに反映」を選ぶと、1つめの内容をほかのカードにコピーできる。あとは印刷するだけだ。

　両面印刷のカードを作る場合は、同じ手順で裏面用のデータを作る。表と裏がズレると台無しなので、両面印刷に対応したプリンターであってもまず片面を印刷し、インクが乾いたらひっくり返して裏面を印刷するほうがよい。

Ⓦ ラベルの品番と印刷方法を指定

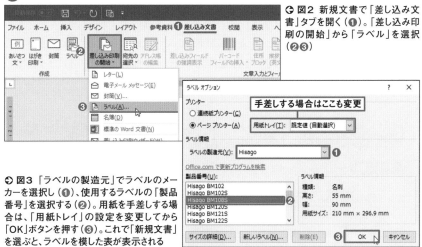

◎ **図2** 新規文書で「差し込み文書」タブを開く（❶）。「差し込み印刷の開始」から「ラベル」を選択（❷❸）

◎ **図3** 「ラベルの製造元」でラベルのメーカーを選択し（❶）、使用するラベルの「製品番号」を選択する（❷）。用紙を手差しする場合は、「用紙トレイ」の設定を変更してから「OK」ボタンを押す（❸）。これで「新規文書」を選ぶと、ラベルを模した表が表示される

Ⓦ 1つ作ったら全カードに反映

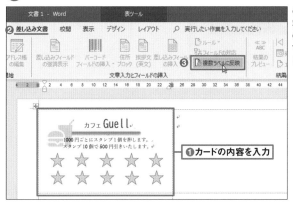

◎ **図4** 左上の枠内にカードの内容を作成し、「差し込み文書」タブの「複数ラベルに反映」をクリックすると、残りの枠にコピーできる（❶〜❸）

Section 05

宛名を変えて
同じ文面の手紙を量産

30分
時短

　受け取った案内状や招待状に自分の名前があるかないかで、印象は大きく変わるものだ。同じ内容の文書を多くの人に送る場合に、宛名や文面の一部を宛先ごとに変更する「差し込み印刷」を使えば、手間をかけずに個別の宛名を印刷できる。

　ワードで差し込み印刷を行う場合、ワード文書と、宛名などをリスト化したエクセルファイルを用意する（**図1**）。ワード文書には内容以外に後から宛名を表示するための欄を作っておく。エクセルの表には、送付先全員の宛名が入っていることを確認しておこう。

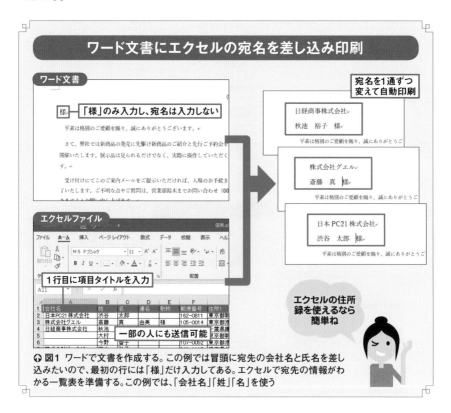

🔼 **図1** ワードで文書を作成する。この例では冒頭に宛先の会社名と氏名を差し込みたいので、最初の行には「様」だけ入力してある。エクセルで宛先の情報がわかる一覧表を準備する。この例では、「会社名」「姓」「名」を使う

差し込み用のデータを指定する

　ワード文書を開いたら、「宛先の選択」で差し込む宛先を入力したエクセルファイルを指定する（**図2～図4**）。エクセルファイルの中で、一部の宛先だけを使用する場合は、「アドレス帳の編集」で使用しない宛先のチェックを外しておく（**図5、図6**）。

Ⓦ 差し込むエクセルファイルを指定

◯ **図2** 差し込み印刷を行うワード文書を開く。「差し込み文書」タブの「宛先の選択」から「既存のリストを使用」を選択する（❶～❸）

◯ **図3** 宛先を入力したエクセルファイルを選択し、「開く」ボタンを押す（❶❷）

◯ **図4** データを入力してあるワークシート（ここでは「Sheet1$」）を選択する（❶）。「先頭行をタイトル行として使用する」がオンになっていることを確認して、「OK」ボタンを押す（❷❸）

Ⓦ 差し込む宛先を選択

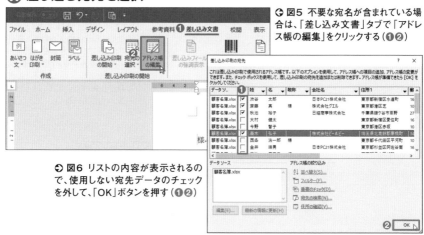

◯ **図5** 不要な宛名が含まれている場合は、「差し込み文書」タブで「アドレス帳の編集」をクリックする（❶❷）

◯ **図6** リストの内容が表示されるので、使用しない宛先データのチェックを外して、「OK」ボタンを押す（❶❷）

データを差し込む位置にフィールドを設定

　連絡先ごとに異なる会社名や氏名を自動表示させるために設定するのが「差し込みフィールド」だ。この文書では、連絡先の項目の中で「会社名」「姓」「名」を「差し込みフィールド」に入れるように設定していく。

　この例では、まずページの先頭にある「様」の前にカーソルを置き、「差し込みフィールドの挿入」から「会社名」を選ぶ（図7）。すると《会社名》のように《》でくくられて表示される。実際の印刷では、「《会社名》」が個々の会社名になって印刷される。続いて同様の手順で「姓」と「名」のフィールドも作る（図8）。

Ⓦ 必要な「差し込みフィールド」を挿入

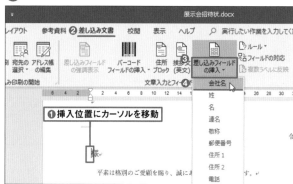

●図7 まず「差し込みフィールド」を挿入する位置にカーソルを移動する（❶）。この例では文頭に入力済みの「様」の文字の手前だ。移動できたら「差し込み文書」タブの「差し込みフィールドの挿入」から「会社名」を選択（❷〜❹）

●図8 「《会社名》」というフィールドが挿入される。同様の手順で「姓」と「名」のフィールドも挿入する。「会社名」の後で改行し、「姓」と「名」の間は少し空けたいので、スペースを入力している

プレビューで差し込み結果を確認してから印刷する

　差し込みフィールドに実際のデータが入るとどうなるかを確認する。「結果のプレビュー」をクリックしてオンにすると、差し込みフィールドにデータが入って表示される（**図9**）。確認が済んだら印刷しよう（**図10**）。なお、差し込み印刷を設定した文書は開くたびにデータファイルから差し込みの操作を行うようになる。

Ⓦ 差し込み結果を確認して印刷する

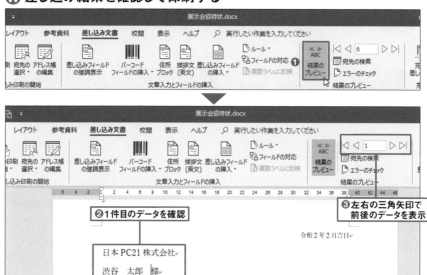

◐ 図9　「結果のプレビュー」をクリック（❶）。最初のデータが差し込みフィールドに入るので確認する（❷）。左右の三角矢印をクリックすることで、ほかのデータも確認できる（❸）

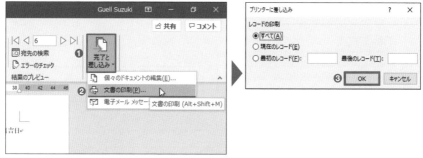

◐ 図10　確認が済んだら「完了と差し込み」で「文書の印刷」を選択（❶❷）。確認画面で「OK」を押すと印刷が始まる（❸）

差し込み印刷を使って
2種類の文書を自動作成

**60分
時短**

　同じ文書を複数の宛先に送るときに利用される「差し込み印刷」。しかし、差し込み印刷でできるのは、宛先の差し込みだけではない。例えば、当選者と落選者、A会場とB会場など、条件に応じた内容の文書を自動作成することも可能だ（**図1**）。

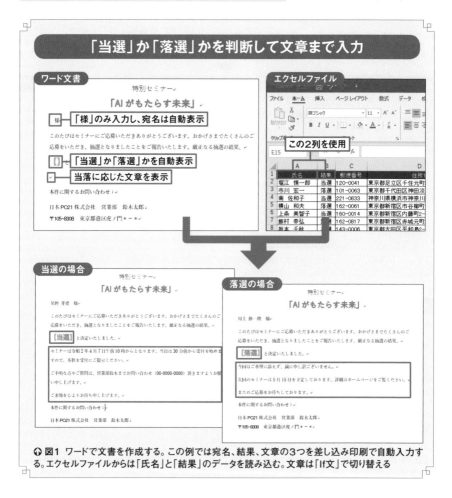

⏷ 図1　ワードで文書を作成する。この例では宛名、結果、文章の3つを差し込み印刷で自動入力する。エクセルファイルからは「氏名」と「結果」のデータを読み込む。文章は「If文」で切り替える

差し込むエクセルファイルに「当選」と「落選」が入力されていれば、差し込み印刷の機能を使用して、文書に異なる文面を追加することができる。差し込み印刷の手順で、宛名や当落の文字列を差し込む設定をしておこう（**図2**）。当選者と落選者で文章の内容を切り替えるには、「Ifフィールド」を使う（**図3**）。この作例では、「結果＝当選」を条件に、条件に合う場合とそれ以外の場合で挿入する文章を切り替える（**図4**）。設定ができたらプレビューやテスト印刷で確認してから印刷しよう（**図5**）。

Ⓦ 宛名と当落を表示するフィールドを設定

⤴ **図2** 203ページ図2〜204ページ図8の手順で、氏名と結果のフィールドを設定する

Ⓦ IFフィールドに条件と2通りの文章を指定

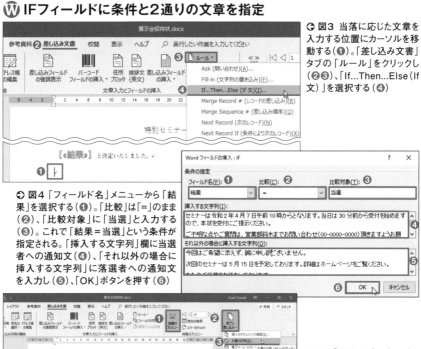

⤴ **図3** 当落に応じた文章を入力する位置にカーソルを移動する（❶）。「差し込み文書」タブの「ルール」をクリックし（❷❸）、「If...Then...Else（If文）」を選択する（❹）

⤴ **図4** 「フィールド名」メニューから「結果」を選択する（❶）。「比較」は「＝」のまま（❷）、「比較対象」に「当選」と入力する（❸）。これで「結果＝当選」という条件が指定される。「挿入する文字列」欄に当選者への通知文（❹）、「それ以外の場合に挿入する文字列」に落選者への通知文を入力し（❺）、「OK」ボタンを押す（❻）

⤴ **図5** 「結果のプレビュー」をクリックして差し込み結果を確認（❶）。問題なければ「完了と差し込み」から「文書の印刷」を選んで印刷する（❷❸）

Word

Section
07

差し込み印刷で
宛名ラベルを作成

30分
時短

ビジネス文書を送付する際、面倒なのが封筒に貼る宛名のラベル作成だ。招待状を何十通も送るとなると頭が痛くなる。顧客の住所録があるなら、ワードの差し込み印刷でササッと宛名用のラベルを作成しよう。

200ページでは、ラベル印刷機能を利用して同じカードを複数作成する方法を紹介したが、差し込み印刷を組み合わせれば、ラベルごとに異なる宛先を自動入力することができる。用意するのは、住所や氏名などをリスト化したエクセルファイルと、市販のラベル用紙だ（図1）。

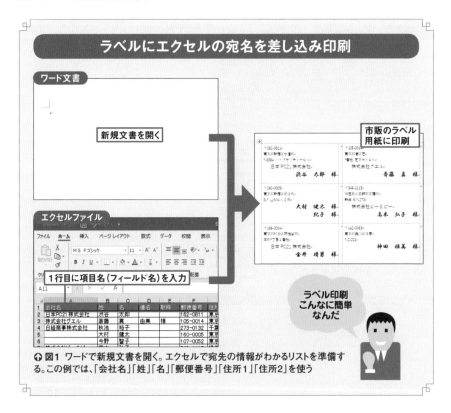

↑図1 ワードで新規文書を開く。エクセルで宛先の情報がわかるリストを準備する。この例では、「会社名」「姓」「名」「郵便番号」「住所1」「住所2」を使う

208

「差し込み印刷ウィザード」で差し込み方法を指定

　宛名ラベルのように挿入するフィールドが多い場合、「差し込み印刷ウィザード」を使うと設定が楽だ。「差し込み印刷ウィザード」を起動したら、ラベルのひな型を選択する（**図2～図4**）。使用するラベルに応じたひな型を選ぼう。

Ⓦ 差し込み印刷ウィザードでラベル用紙を選択

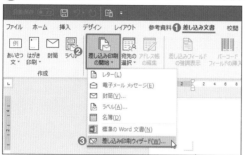

🡒 **図2** 「差し込み文書」タブの「差し込み印刷の開始」ボタンをクリックし、「差し込み印刷ウィザード」を選ぶ（❶～❸）

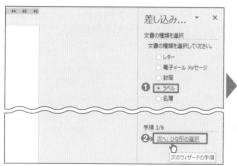 

🡒 **図3** 画面右側にウィザードの画面が開く。文書の種類で「ラベル」を選択し、次に進む（❶❷）。次の画面で「ラベルオプション」をクリックする（❸）

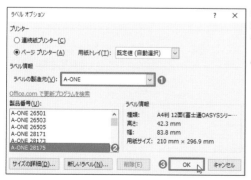

🡒 **図4** 「ラベルの製造元」でラベルのメーカーを選択し（❶）、使用するラベルの「製品番号」を選択する（❷）。「OK」ボタンを押す（❸）。これでラベルを模した枠が表示されるので、ウィザードを次に進める

続いて差し込むエクセルファイルを指定する。「既存のリストを使用」を選択し、「参照」からエクセルファイルを選ぶ（**図5、図6**）。選択したエクセルファイルの内容が表示されるので、使用しない宛先があればチェックを外しておく（**図7**）。

Ⓦ 差し込むエクセルファイルを指定

⤴**図5** 「既存のリストを使用」を選択し、「参照」をクリックする（❶❷）。使用するエクセルファイルを選択し、「開く」ボタンを押す（❸❹）

⤵**図6** エクセルファイル内でデータを入力してあるワークシート（ここでは「Sheet1$」）を選択する（❶）。「先頭行をタイトル行として使用する」にチェックが付いていることを確認して、「OK」ボタンを押す（❷❸）

Ⓦ 差し込む宛先を選択

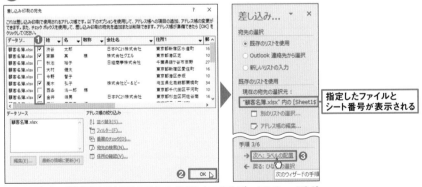

⤴**図7** 宛先の選択画面が表示されるので、使用しない宛先データのチェックを外し、「OK」ボタンを押す（❶❷）。元の画面に戻るので、設定を確認し、次に進む（❸）

データを差し込む位置にフィールドを設定

　最初のラベルにフィールドを配置していく。「差し込みフィールドの挿入」を選ぶと、フィールドの一覧が表示される（**図8**）。宛名ラベルなので、最初の行に「郵便番号」を挿入し、「住所1」「住所2」「会社名」「姓」「名」とフィールドをまとめて挿入する（**図9**）。「〒」を入力して適宜改行し、見やすい書式に整えればレイアウトは完成だ（**図10**）。

Ⓦ 必要な「差し込みフィールド」を挿入

⊙ **図8** 最初のラベル内にカーソルがあることを確認（❶）。「差し込みフィールドの挿入」を選択する（❷）

⊙ **図9** 「郵便番号」を選択して「挿入」ボタンを押す（❶❷）。同様に「住所1」「住所2」「会社名」「姓」「名」のフィールドも挿入する（❸）。最後に「閉じる」ボタンを押す（❹）

Ⓦ 敬称などを付け加える

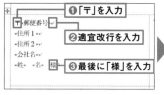

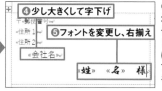

⊙ **図10** フィールドが表示されたら、「《郵便番号》」の前に「〒」を入力（❶）。適宜改行して最後に敬称を付ける（❷❸）。フォントや位置揃えも見やすく整える（❹❺）

プレビューで差し込み結果を確認してから印刷する

1つめのラベルができたら、「複数ラベルに反映」でほかのラベルにもレイアウトをコピーする（**図11**）。「結果のプレビュー」をクリックしてオンにすると、差し込みフィールドにデータが入って表示される。宛名ラベルの場合、住所や名前が長い場合や、連名にしたい場合など、データによっては表示しきれないこともある。全体的なレイアウトを一番多い文字数に合わせると、文字数が少ない場合に空きができるなど不都合もある。元のレイアウトを修正するより、「個々のドキュメントの編集」を選んで通常の文書として書き出したものを修正して印刷するのがお勧めだ（**図12**）。

Ⓦ 差し込み結果を確認して印刷する

⬆ **図11** 1つめのレイアウトをほかの枠にもコピーするため、「差し込み文書」タブで「複数ラベルに反映」を選択する（❶❷）。「結果のプレビュー」をオンにして、実際のデータを確認する（❸）

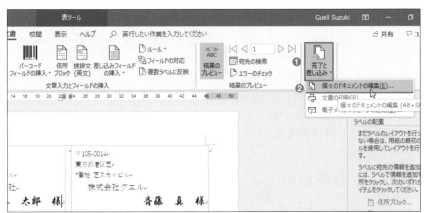

⬆ **図12** データによって文字がはみ出したり、位置をずらしたりするには、「完了と差し込み」から「個々のドキュメントの編集」を選択する（❶❷）。これで通常のワード文書と同じように編集できるデータが書き出せる

第8章

できる人はこう使う！
効率化の上級テク

ペーパーレス化の時代、受け取ったワード文書を校閲するのに紙に印刷して赤字を入れるのは非効率。ワード上でコメントを付けて返すのが今どきの作法だ。長文を楽に作成するためのアウトライン機能など、一歩進んだ活用テクニックも身に付ければ、仕事のスピードは劇的に速くなる。

- ●変更履歴とコメントでスムーズな校閲
- ●アウトライン機能で書式設定も目次作成も自動化
- ●「第○章」「第○条」を自動表示、入れ替えもOK
- ●時短に効くショートカットキー　ほか

Word

Section 01

変更履歴とコメントで
校閲作業をペーパーレス化

20分
時短

　文書の内容をほかの人に見せて確認してもらったり、逆に確認を求められたりすることがある。こうした校閲作業で、ワード文書を印刷し、赤ペンで修正やコメントを入れ合うのは時代遅れ。お互いワードを使っているなら、ワード上で校閲するのが効率的だし、ペーパーレス化にもつながる。利用するのは、「変更履歴」と「コメント」機能だ。

　「変更履歴」は修正履歴を文書に保存する機能、「コメント」は文書の欄外に意見などを書き込む機能だ。ワード文書に直接書き込めるため、校閲者が印刷して赤ペンで手書きする必要がなく、書き換えも自由自在。作成者は紙をやり取りする手間がなく、読みづらい赤字に苦労することもない。

　特に効果を発揮するのが、複数の人で校閲するケース。チームで作業する場合でも、修正やコメントには校閲者の名前が入るので、誰が何を書いたのか一目瞭然。作成者は、校閲者の修正やコメントを見て、反映するか元に戻すかを選ぶことができる（図1）。

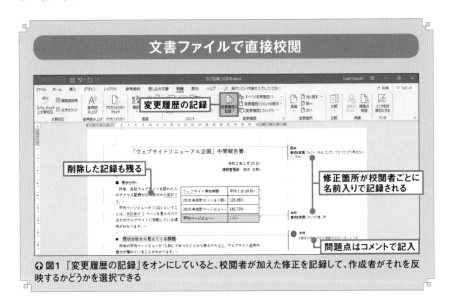

⊕ 図1　「変更履歴の記録」をオンにしていると、校閲者が加えた修正を記録して、作成者がそれを反映するかどうかを選択できる

作成者は、通常通り、ワードでたたき台となる文書を作成する（**図2**）。ワード文書で校閲するなら、ファイル名に「01」などバージョンを示す数字や作成者名などを入れておくとわかりやすい。

変更履歴をオンにして校閲開始

　校閲者は、ファイル名を「02」などに変えて保存し、「校閲」タブの「変更履歴の記録」ボタンをオンにする（**図3**）。これでこれから行う変更を文書に保存する準備ができた。変更履歴の画面表示は、「校閲」タブの「変更内容の表示」で4種類に切り替えられる（**図4**）。記録されているかどうかを確認するなら表示させておく。

Ⓦ 作成者がたたき台の文書を作成

○図2 通常通りに文書を作成する。ただし、ファイル名は番号を付けるなど、版や作成者がわかる名前にしておくとよい

Ⓦ 校閲前に変更履歴をオンにする

○図3 校閲用にファイル名を変えて保存する（❶）。「校閲」タブの「変更履歴の記録」をクリックしてオンにする（❷❸）

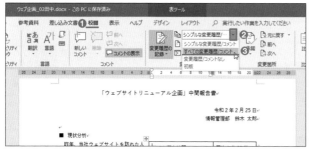

○図4 「校閲」タブの「変更内容の表示」から「すべての変更記録／コメント」を選択すると、変更履歴が表示されるようになる（❶〜❸）

校閲者は自由に修正するだけで、自動的に記録が残る。修正が終わったら変更履歴を表示させて確認しよう（**図5**）。変更箇所は、色文字で表示される。複数の人が修正した場合はそれぞれ異なる色で表示されるのでわかりやすい。挿入した文字列には下線、削除した文字列には取り消し線が表示される。フォントや段落書式など、書式の変更を行った場合は、画面右側にその内容が表示される（**図6**）。

　変更履歴を確認したいときには、「変更内容の表示」で切り替えるだけでなく、「［変更履歴］ウィンドウ」で一覧表示することも可能だ（**図7**）。

Ⓦ 校閲者が修正する

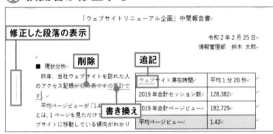

● **図5** 校閲者は、気になるところを修正する。削除や書き換え、書式変更など、通常のワード文書と同様に作業すればよい

⬆**図6** フォントなどの書式を変更した場合は、変更内容が画面右側に表示される

Ⓦ 変更履歴を一覧表示で確認する

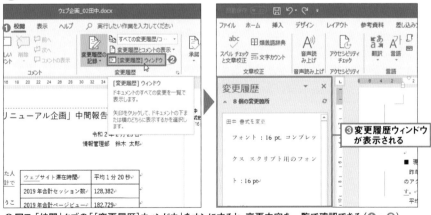

⬆**図7** 「校閲」タブの「［変更履歴］ウィンドウ」をオンにすると、変更内容を一覧で確認できる（❶〜❸）

意見の書き込みはコメントで

　意見や疑問点、伝達事項などを書き込みたいときには、コメント機能を利用する。コメントを付けたい文字列や画像などを選択し、「新しいコメント」をクリックすると、コメントを入力するための吹き出しが表示される（**図8**）。ここに文字列を入力すればよい（**図9**）。入力した文字列の長さに応じて入力欄は広がる。画面表示の状態によってはコメントがアイコンで表示され、アイコンをクリックすると内容が表示される。コメントは削除することもできるので、まずは思い付いたことを書き込み、後から不要なものを削除してもよい。最後に変更履歴の記録を止めて、ファイルに保存する（**図10**）。

Ⓦ コメントを追加する

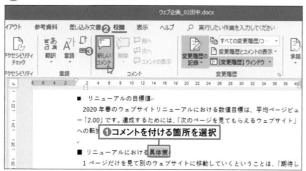

⊖ **図8** コメントを付ける箇所を選択し、「校閲」タブの「新しいコメント」をクリックする（❶〜❸）

⊕ **図9** 画面右側にユーザー名が入ったコメント欄が表示されるので、そこにコメントを入力する

Ⓦ 校閲者としての修正作業を終える

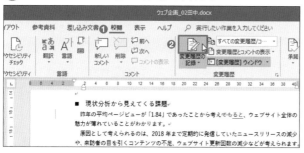

⊖ **図10** 「校閲」タブの「変更履歴の記録」ボタンをクリックしてオフにしてからファイルを保存し、作成者に戻す（❶❷）

校閲者の修正を作成者がチェック

　作成者は校閲者から戻ってきたファイルを別名で保存する。文書の先頭にカーソルを置いて、「校閲」タブの「次へ」ボタンを押し、変更箇所を確認していく（**図11**）。選択中の修正を文書に反映するときは、「承諾して次へ進む」をクリックする（**図12**）。変更が確定し、次の変更箇所に移動できる。変更を反映しない場合は、「元に戻して次へ進む」をクリックする（**図13**）。

Ⓦ 変更箇所を順次チェックし、変更を反映するかどうかを選択

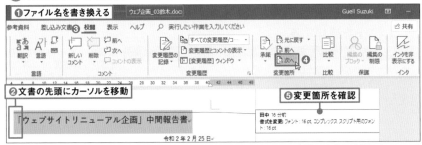

↺ **図11** 戻ってきたワードファイルのファイル名を書き換えて作業を始める（❶）。文書の先頭にカーソルを移動し、「校閲」タブの「変更箇所」で「次へ」をクリックすると、最初の変更箇所が選択される（❷〜❺）

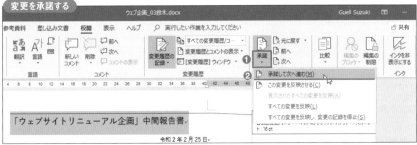

↺ **図12** 変更内容を確認し、問題がなければ「承諾」のメニューから「承諾して次へ進む」を選択する（❶❷）。次の変更箇所に選択が移る

↺ **図13** 校閲者の変更を元に戻すには、「元に戻す」のメニューで「元に戻して次へ進む」を選ぶ（❶❷）

コメントが選択された場合は、内容を確認する。コメントに対して返事をするには、「返信」をクリックして返信欄にコメントへの回答を入力する（**図14**、**図15**）。コメントに対応して修正などを行い、問題を解決した場合は、コメント欄の「解決」をクリックする（**図16**）。解決済みのコメントは淡い表示に変わる。

　確認がすべて終了し、校閲者に戻す必要がない段階まできたら、コメントをすべて削除してから（**図17**）、「すべての変更を反映し、変更の記録を停止」を選択（**図18**）。最終版としてファイルに保存する。

Ⓦ コメントに対処する

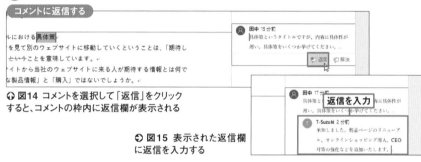

`コメントに返信する`

◆ **図14** コメントを選択して「返信」をクリックすると、コメントの枠内に返信欄が表示される

◆ **図15** 表示された返信欄に返信を入力する

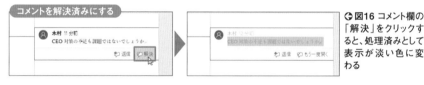

`コメントを解決済みにする`

◆ **図16** コメント欄の「解決」をクリックすると、処理済みとして表示が淡い色に変わる

Ⓦ 最終版として文書を保存する

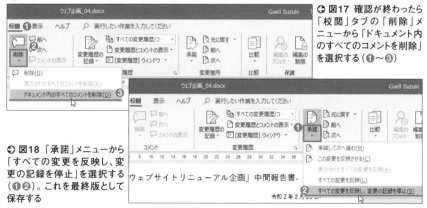

◆ **図17** 確認が終わったら「校閲」タブの「削除」メニューから「ドキュメント内のすべてのコメントを削除」を選択する（❶〜❸）

◆ **図18** 「承諾」メニューから「すべての変更を反映し、変更の記録を停止」を選択する（❶❷）。これを最終版として保存する

Section 02 アウトライン機能で 考えをまとめて構成を検討

5分
時短

　企画書の内容を考えたり、長文の構成を考えたりするときに、ぜひ利用したいのが「アウトライン」機能だ。アウトラインとは、章・節・項といった見出しをレベルに応じて階層表示する機能（**図1**）。

　例えば企画書を作るとき、いきなり本文を書き始めるのではなく、項目から考える人がほとんどだろう。「現状分析」「対策」「結果予測」などの芯になる見出しを考え、そこに肉付けしていくことで、ぶれない企画書を短時間で作れる。頭に浮かぶ項目をどんどん入力していくと、大項目より小項目が先に出てきたり、後から順序を変えたくなったりするが、アウトライン機能なら柔軟に対処できる。

　アウトラインのレベルは「スタイル」機能（118ページ）と対応しており、「レベル1」には「見出し1」のスタイルが適用される。つまり、アウトラインでレベルを設定しておけば、基本的な書式設定が自動的にできる。目次の自動作成や、パワーポイントに読み込んでスライド化するのも簡単だ。使わないのはもったいない。

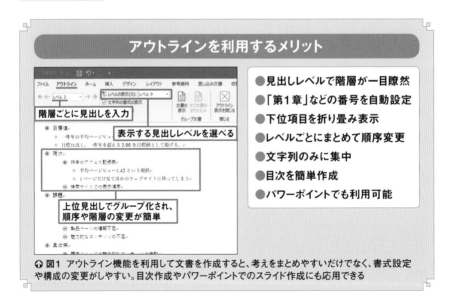

アウトラインを利用するメリット

- ●見出しレベルで階層が一目瞭然
- ●「第1章」などの番号を自動設定
- ●下位項目を折り畳み表示
- ●レベルごとにまとめて順序変更
- ●文字列のみに集中
- ●目次を簡単作成
- ●パワーポイントでも利用可能

🔼 図1　アウトライン機能を利用して文書を作成すると、考えをまとめやすいだけでなく、書式設定や構成の変更がしやすい。目次作成やパワーポイントでのスライド作成にも応用できる

頭に浮かんだ項目をランダムに入力

　アウトライン機能を使うには、「表示」タブで「アウトライン」を選ぶ（**図2**）。最初は「レベル1」に設定し、頭に浮かんだ項目をどんどん書いていく（**図3**）。階層を下げるには、「Tab」キーを押す（**図4**）。アウトラインツールで階層を選んでもよい。見出し以外は「本文」レベルで入力する（**図5**）。

Ⓦ レベルを指定しながら項目を入力する

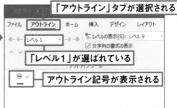

🔼🔽 **図2**「表示」タブで「アウトライン」を選択する（❶❷）。「アウトライン」タブが選択され、画面がアウトライン表示に変わる。見出しレベルは「レベル1」が選択される

🔽 **図3** 思い付いた項目を入力する。順序やレベルは後で変更すればよいので、その文書に必要な項目をとにかく入力していこう

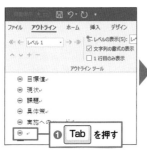

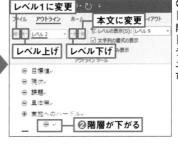

🔽 **図4** 階層を下げるには「Tab」キーを押す（❶❷）。階層を上げるには「Shift」+「Tab」キーを押す。「アウトライン」タブのボタンやメニューでも階層の移動が可能だ

🔽 **図5** 見出し以外の文字列は「本文」として入力する（❶❷）

順序を入れ替えて構成を確定

　アウトライン表示で文書をまとめる利点の1つは、骨子を確認しながら肉付けできることにある。下位レベルの見出しや本文を非表示にすることで、いつでも骨組みを確認できる（**図6、図7**）。上位の見出しを移動すれば、それに連れて下位見出しや本文が移動するので、順序の入れ替えも簡単だ（**図8**）。「1つ上のレベルへ移動」「1つ下のレベルへ移動」ボタンを使って見出しを個別に移動することも可能。

　構成が決まったら、通常の表示に戻そう。「アウトライン表示を閉じる」ボタンでアウトライン表示を終了する（**図9**）。通常の表示であっても、「ナビゲーションウィンドウ」を表示させることで見出しのみを表示することができる（**図10**）。ナビゲーションウィンドウでは、見出しの左側に表示される三角形をクリックすることで下位見出しを非表示にしたり、ドラッグで下位見出しごと順序を変えたりといった、アウトライン表示のような操作ができる。見出しをクリックするとその見出しまでジャンプできるのも便利だ。

　アウトライン表示で設定したレベルは「見出し1」などのスタイルに対応している。フォントなどの書式は個別に変えるのではなく、「ホーム」タブの「スタイル」で設定しよう（120ページ）。見出しに連番を振る方法は次項で説明する。

　ここでは最初からアウトライン表示で書き始めたが、作成途中の文書の構成を見直すときにもアウトライン表示を利用できる。アウトライン表示では画像が表示されないので、文字列のみチェックするときにも有効だ。

Ⓦ 下位見出しを隠して骨子を確認する

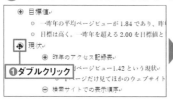

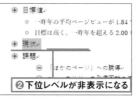

☺ **図6** 下位レベルのある見出しには、左側に「＋」マークが表示される。このマークをダブルクリックすると、下位の見出しや本文を非表示にできる（❶❷）

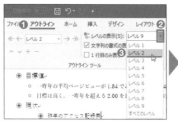

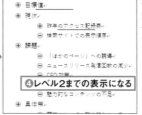

☺ **図7** 全文の構成を確認するなら、すべての下位見出しを隠すこともできる。「アウトライン」タブの「レベルの表示」メニューを開いて、表示する見出しレベルを選択する（❶〜❹）

🅦 上位見出しの移動でグループ丸ごと移動

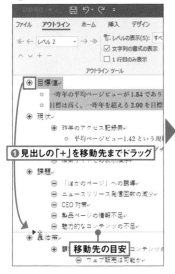

①見出しの「＋」を移動先までドラッグ

移動先の目安

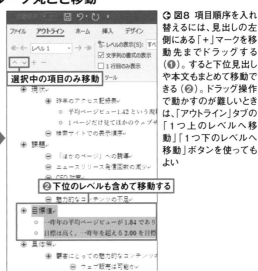

選択中の項目のみ移動

②下位のレベルも含めて移動する

○図8 項目順序を入れ替えるには、見出しの左側にある「＋」マークを移動先までドラッグする（❶）。すると下位見出しや本文もまとめて移動できる（❷）。ドラッグ操作で動かすのが難しいときは、「アウトライン」タブの「1つ上のレベルへ移動」「1つ下のレベルへ移動」ボタンを使ってもよい

🅦 アウトライン表示を終了する

○図9 「アウトライン表示を閉じる」ボタンを押して、アウトライン表示を終了する

🅦 ナビゲーションウィンドウで見出しの確認、移動を簡単に

③ナビゲーションウィンドウが表示される

○図10 「表示」タブの「ナビゲーションウィンドウ」にチェックを付ける（❶❷）。画面左側に表示されたナビゲーションウィンドウには見出しのみが表示される（❸）。ここでも下位見出しを非表示にしたり、見出しをドラッグして移動したりといった操作が可能だ

「第○章」や「第○条」を見出しレベルごとに自動表示

20分時短

　契約書など、条文が並ぶ文書では、見出しに「第○章」「第○条」といった連番を付ける。番号を間違えたり、後から条文が追加されたりすると、修正するのは大変だ。こんなときもアウトライン機能が威力を発揮する。箇条書きのように番号を自動表示でき、項目の追加や順序の入れ替えも自在だからだ。ただし、アウトライン機能の標準スタイルには「第○章」「第○条」というスタイルがないので、オリジナルのスタイルを作成していこう。

　「ホーム」タブで「アウトライン」を選び、「新しいアウトラインの定義」を選択（**図1**）。この例では、「見出し1」（アウトライン「レベル1」）を「第○章」、「見出し2」を「第○条」、「見出し3」を「（○）」の表示にする。表示されたダイアログボックスでアウトラインレベルの「1」を「第○章」に設定（**図2**）。「番号書式」に表示される網掛けの数字は消さないように注意しよう。続いてレベル「2」について同様に「第○条」の設定を行う。レベル「3」は、「第○条」ごとに番号をリセットしたいので、「リストを開始するレベルを指定する」を「レベル2」に設定する（**図3**）。

　設定したアウトラインスタイルを適用するには、「アウトライン」表示でアウトラインレベルを設定するか（220ページ）、「見出し1」「見出し2」などのスタイルを適用して見出しを階層化する（**図4**、**図5**）。見出しレベルごとの書式は、「ホーム」タブの「スタイル」を使って変更することで、文書全体の書式設定ができる。

Ⓦ 独自のアウトライン形式を定義

◆**図1**「ホーム」タブの「アウトライン」ボタンから「新しいアウトラインの定義」を選択する（❶〜❸）

Ⓦ 見出しレベルごとの番号形式を設定

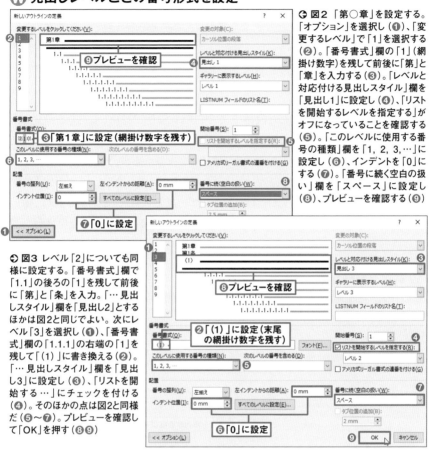

❷ プレビューを確認
❾ プレビューを確認
❸「第1章」に設定（網掛け数字を残す）
❼「0」に設定
❶ << オプション(L)

❷「(1)」に設定（末尾の網掛け数字を残す）
❽ プレビューを確認
❻「0」に設定
❾ OK

● 図2 「第○章」を設定する。「オプション」を選択し（❶）、「変更するレベル」で「1」を選択する（❷）。「番号書式」欄の「1」（網掛け数字）を残して前後に「第」と「章」を入力する（❸）。「レベルと対応付ける見出しスタイル」欄を「見出し1」に設定し（❹）、「リストを開始するレベルを指定する」がオフになっていることを確認する（❺）。「このレベルに使用する番号の種類」欄を「1, 2, 3,…」に設定し（❻）、インデントを「0」にする（❼）。「番号に続く空白の扱い」欄を「スペース」に設定し（❽）、プレビューを確認する（❾）

● 図3 レベル「2」についても同様に設定する。「番号書式」欄で「1.1」の後ろの「1」を残して前後に「第」と「条」を入力。「… 見出しスタイル」欄を「見出し2」とするほかは図2と同じでよい。次にレベル「3」を選択し（❶）、「番号書式」欄の「1.1.1」の右端の「1」を残して「(1)」に書き換える（❷）。「… 見出しスタイル」欄を「見出し3」に設定し（❸）、「リストを開始する …」にチェックを付ける（❹）。そのほかの点は図2と同様だ（❺〜❼）。プレビューを確認して「OK」を押す（❽❾）

Ⓦ 見出しレベルを設定して連番を確認

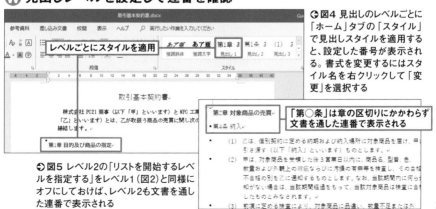

レベルごとにスタイルを適用

第1章 目的及び商品の指定

第2章 対象商品の売買
第4条 納入

「第○条」は章の区切りにかかわらず文書を通した連番で表示される

● 図4 見出しのレベルごとに「ホーム」タブの「スタイル」で見出しスタイルを適用すると、設定した番号が表示される。書式を変更するにはスタイル名を右クリックして「変更」を選択する

● 図5 レベル2の「リストを開始するレベルを指定する」をレベル1（図2）と同様にオフにしておけば、レベル2も文書を通した連番で表示される

225

Section
04

見出しスタイルから 目次を自動作成

30分
時短

　「見出し」スタイルを適用した段落や、アウトライン機能で見出しレベルを設定した段落は、「目次」機能で書式を選ぶだけで、目次を作成できる（**図1**）。内容を書き換えた場合は、「目次の更新」をクリックするだけなので更新も簡単だ（**図2**）。

　初期設定では、「見出し1」（アウトライン「レベル1」）から「見出し3」までの段落が自動的に目次としてピックアップされる。「ユーザー設定の目次」を利用すれば、拾い出す見出しレベルや書式を変更することも可能だ。目次が不要になった場合は、「目次の削除」で削除できる。

Ⓦ 目次を自動作成

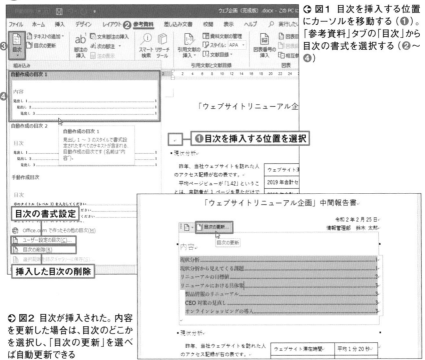

⊙ **図1** 目次を挿入する位置にカーソルを移動する（**❶**）。「**参考資料**」タブの「目次」から目次の書式を選択する（**❷**〜**❹**）

⊙ **図2** 目次が挿入された。内容を更新した場合は、目次のどこかを選択し、「目次の更新」を選べば自動更新できる

Section 05
見出しスタイルを利用して
パワポのスライドを自動作成

10分 時短

　見出しスタイルやアウトラインで見出しレベル設定を使った文書は、そのままパワーポイントで開いて、スライド作成に利用できる。パワーポイントでワードファイルを開いてみよう（**図1**）。「見出し1」（アウトライン「レベル1」）の段落が各スライドの見出しになり、以下の見出しレベルもそのまま引き継がれる（**図2**）。「見出し」以外のスタイルを適用した段落は、パワーポイントで読み込めなかったり、見出し扱いになったりするので、適宜修正する。スライドのデザインなどを指定して仕上げよう。

Ⓦ 見出し付きのワード文書をパワーポイントで読み込み

⬆⬆**図1** パワーポイントを起動し、「開く」を選択する（❶）。「参照」をクリックし（❷）、ファイルの種類を「すべてのファイル」に変更するとワードファイルが選べるようになる（❸〜❺）

Ⓦ 結果を確認し、必要な処理をする

ワードで「見出し1」（アウトライン「レベル1」）にした見出し

⬆**図2** 「見出し1」がスライドごとのタイトルになり、ほかの見出しも読み込まれる。ただし「標準」などのスタイルは読み込まれない

第8章

できる人はこう使う！ 効率化の上級テク

Word

Section 06

時短によく効く
厳選ショートカットキー

5分
時短

● ワード全般

Ctrl + O⁵	ファイルを開く
Ctrl + S と	ファイルを上書き保存
F12	ファイルを名前を付けて保存
Ctrl + N み	ファイルの新規作成
Ctrl + A ち	すべてを選択
Ctrl + Z っ	1つ前の操作を元に戻す
Ctrl + Y ん	1つ前の操作をやり直し
F4	同じ操作の繰り返し
Ctrl + H く	置換
Ctrl + Enter	改ページ
Shift + → / Shift + ←	1文字選択
Shift + ↓ / Shift + ↑	1行選択
Home / End	行頭に移動／行末に移動
F8	拡張選択モードに移行
Ctrl + ↑	段落の先頭に移動
Ctrl + ↓	次の段落の先頭に移動
Ctrl + End / Ctrl + Home	文書の末尾へ移動／文書の先頭へ移動
Ctrl + Page Down / Ctrl + Page Up	1画面分下へ移動／1画面分上へ移動
Ctrl + → / Ctrl + ←	1単語分右に移動／1単語分左に移動

Alt + F3	新しい文書パーツの作成
Alt + F4	ワードの終了／設定画面を閉じる

●コピー・アンド・ペースト

Ctrl + X さ	切り取り
Ctrl + C そ	コピー
Ctrl + V ひ	貼り付け
Ctrl + Shift + C そ	書式のみをコピー
Ctrl + Shift + V ひ	書式のみを貼り付け
Ctrl +ドラッグ	選択した文字列やオブジェクトのコピー

●書式設定

Ctrl + B こ	太字（ボールドのB）
Ctrl + I に	斜体（イタリックのI）
Ctrl + U な	下線（アンダーラインのU）
Ctrl + [	フォントサイズを1ポイント小さくする
Ctrl +] む	フォントサイズを1ポイント大きくする
Ctrl + E ぃ	段落を中央揃えにする
Ctrl + L り	段落の左揃えを実行する
Ctrl + R す	段落の右揃えを実行する
Ctrl + スペース	文字書式の解除
Ctrl + Q た	段落設定の解除
Ctrl + Shift + N み	すべての書式設定の解除
Ctrl + Shift + L り	箇条書きを設定
Ctrl + M も	インデントの挿入

索引

日経PC21

1996年3月創刊の月刊誌。仕事にパソコンを活用するための実用情報を、わかりやすい言葉と豊富な図解・イラストで紹介。エクセル、ワードなどのアプリケーションソフトやクラウドサービスの使い方から、プリンター、デジタルカメラなどの周辺機器、スマートフォンの活用法まで、最新の情報を丁寧に解説している。

鈴木眞里子（グエル）

情報デザイナーとして執筆からレイアウトまでを行う。日経PC21、日経パソコンなど、パソコン雑誌への寄稿をはじめ、製品添付のマニュアルや教材なども手がけ、執筆・翻訳した書籍は100冊を超える。近著に『Outlook最速時短術』（日経BP）がある。編集プロダクション、株式会社グエル取締役。

Word最速時短術

2020年2月25日	第1版第1刷発行	
2021年4月26日	第1版第5刷発行	

著　　　者	鈴木眞里子（グエル）
編　　　集	田村規雄（日経PC21）
発　行　者	中野　淳
発　　　行	日経BP
発　　　売	日経BPマーケティング
	〒105-8308　東京都港区虎ノ門4-3-12

装　　　丁	小口翔平＋岩永香穂（tobufune）
本文デザイン	桑原　徹＋櫻井克也（Kuwa Design）
制　　　作	鈴木眞里子（グエル）
印刷・製本	図書印刷株式会社

ISBN 978-4-296-10545-8

©Mariko Suzuki 2020
Printed in Japan

本書の無断複写・複製（コピー等）は著作権法上の例外を除き、禁じられています。購入者以外の第三者による電子データ化及び電子書籍化は、私的使用を含め一切認められておりません。

本書籍に関するお問い合わせ、ご連絡は下記にて承ります。
https://nkbp.jp/booksQA